Gerhard Schreiber

**Kurze Geschichte des
Zweiten Weltkriegs**

Gerhard Schreiber

Kurze Geschichte des Zweiten Weltkriegs

Verlag C. H. Beck

Dieses Buch erschien zuerst 2002 unter dem Titel
«Der Zweite Weltkrieg» in der Reihe «Wissen».
Für die gebundene Ausgabe wurde der Text
erweitert. Die Abbildungen, die Chronologie
sowie eine ausführliche Bibliographie wurden
hinzugefügt.

Meinem akademischen Lehrer
Klaus-Jürgen Müller
in dankbarer Verbundenheit

Mit 4 Karten und 25 Abbildungen

© Verlag C. H. Beck oHG, München 2005
Satz: Druckerei C. H. Beck, Nördlingen
Druck und Bindung: Friedrich Pustet KG, Regensburg
Gedruckt auf alterungsbeständigem, säurefreiem Papier
(hergestellt aus chlorfrei gebleichtem Zellstoff)
Printed in Germany
ISBN 3 406 52953 4

www.beck.de

Inhalt

I 1918 – Hinterlassenschaft Weltkrieg?

Winston Spencer Churchill, der die Zeit vom 10. Mai 1940 bis zum 26. Juli 1945 als britischer Premierminister erlebte und mitgestaltete, schreibt im Vorwort seiner sechsbändigen Memoiren zum Zweiten Weltkrieg, dass diese Bände – gemeinsam mit seiner Darstellung des Ersten Weltkriegs – die «Geschichte eines zweiten Dreißigjährigen Krieges unschließen». General Charles de Gaulle, unter anderem Frankreichs Staatspräsident, und Raymond Aron, einer der hervorragendsten französischen Sozialwissenschaftler, der die in Rede stehende These in der Geschichtswissenschaft etablierte, sahen das ganz ähnlich. Die Weltkriege und die Zwischenkriegszeit stellen sich in solcher Sicht als ein Ganzes dar, und der Ausklang des «Großen Krieges» hätte demnach in sich geschlossen, was gut zwanzig Jahre später begann. Faszinierend! Nur ist die damit behauptete ursächliche Vorbestimmtheit des Zweiten Weltkriegs ahistorisch. Gewiss, der Krieg von 1914 bis 1918 prägte den 1939 beginnenden Weltenbrand auf mancherlei Weise. Und es steht fest, dass hinsichtlich der beiden Kriege zum Beispiel eine Teilidentität im Kontext der Aggressionspolitik, des Autarkiestrebens, der Kriegsziele und – wie Hans-Ulrich Wehler mit Recht unterstreicht – des «Vernichtungsfanatismus» existierte. Außerdem schufen politische, wirtschaftliche, technische, militärische, gesellschaftliche, ideologische, nationalistische und psychologische Faktoren Verbindungspunkte zwischen 1918 und 1939. Aber all das implizierte noch nicht das Werden eines zweiten «Großen Krieges», und

dies gilt ebenso für den von Berlin, Rom und Tokyo vertretenen gefährlichen Revanchismus beziehungsweise Re-
visionismus. Letzterer richtete sich gegen den Status quo,
den die Siegermächte 1919/20 für Europa festgelegt und
die an der Washingtoner Konferenz (12. 11. 21 bis 6. 2.
22) teilnehmenden Staaten durch mehrere Abkommen für
den Fernen Osten vereinbart hatten.

Den Regierungen des geschlagenen, durch die alleinige
Kriegsschuldzuweisung, territoriale Verluste, Reparationen, Besetzung sowie 1 808 000 Gefallene und 4 247 000
Verwundete zwar stark belasteten, aber nicht substantiell
geschwächten Deutschen Reiches lag in solchem Zusammenhang bis 1933 vorrangig an der weitgehenden Außer-
kraftsetzung des Versailler Friedensvertrags vom 28. Juni
1919, der zwar hart, aber nicht karthagisch ausfiel. Wie
auch immer, für die traditionellen deutschen Führungs-
eliten stellte derartiges Bemühen lediglich ein Nahziel dar.
Langfristig ging es ihnen nämlich um den Anspruch auf
die Führung Europas, welchen sie mit der Pflege des großdeutschen Reichsmythos aufrechterhielten.

Italiener und Japaner zählten 1918 zu den Siegern,
gleichwohl enttäuschte sie der Friede, sie wünschten deshalb umfangreiche Nachbesserungen. Im Unterschied zu
Hitlers Deutschland, das globale machtpolitische Ziele
und letztlich die Weltherrschaft anvisierte, strebten Rom
und Tokyo nach regionaler Hegemonie, doch diese bedeutete ebenfalls die Unterdrückung und Ausbeutung anderer Völker und Länder.

Insgesamt gesehen formte sich seit Anfang der dreißiger
Jahre eine krisenanfällige Weltordnung aus. Ihre konflik-
täre Beschaffenheit offenbarte sich in Ostasien, im Mittelmeerraum und in Süd- sowie Osteuropa. Augenscheinlich blieben Kriege ein Mittel der Politik. Weder der
Völkerbund noch der Briand-Kellogg-Kriegsächtungspakt

*Britische Truppen befreien am 15. April 1945 das am 30. April
1943 eingerichtete Konzentrationslager Bergen-Belsen (Nieder-
sachsen). Sie entdecken dabei rund 10 000 unbestattete und
ungefähr 40 000 in Massengräbern beerdigte Todesopfer. Von den
circa 38 500 überlebenden Gefangenen dürften bis zu 28 000 kurz
nach der Befreiung des Lagers verstorben sein.*

vom 27. August 1928 änderten daran etwas, und dem
Motto «nie wieder Krieg» hingen wohl nur Sozialisten
an. Andererseits steht fest, dass nach 1918 keine Regierung einen neuen Weltbrand herbeizuführen beabsichtigte. Um ihn zu verwirklichen, bedurfte es des fatalen
30. Januars 1933, an dem reaktionäre Kräfte Adolf Hitler
mitsamt seinen Wahnideen in Deutschland an die Macht
brachten. Das berührt noch einmal die eingangs gestellte
Frage.

Die Politik des nationalsozialistischen Reichskanzlers
war aus einem Guss, beseelt vom Willen zum Krieg. Mittelfristig zielte sie auf die Eroberung von Lebensraum im
Osten und die Errichtung eines Kontinentalimperiums.
Manches von dem, was der «Führer» diesbezüglich sagte,
mutete Zeitgenossen vertraut an. In Wahrheit ging es ihm
jedoch um eine rassistische Neuordnung des Kontinents
und einen Machtanspruch, dessen Realisierung es ihm
gestattete, zu bestimmen, wer überhaupt und wie in seinem Europa leben durfte. 6 850 000 Juden, Sinti, Roma
und deutsche «Defektmenschen» fielen jener Anmaßung
zum Opfer.

Derartiges sprengte den Rahmen, in dem Kulturvölker
ihre Kriegsziele herkömmlicherweise absteckten, und
schließt es definitiv aus, den Zweiten Weltkrieg als Hin-
terlassenschaft des «Großen Krieges» einzuordnen und
im Begriff eines zweiten Dreißigjährigen Krieges zu inter-
pretieren. Hitlers und seiner Paladine eigentliches Wollen
besaß in der – von entsetzlichen Ereignissen belasteten –
Geschichte des christlichen Abendlands keine Tradition.

II Der lange Weg in den Krieg

Die Staatenwelt erlaubte es Hitler, bis 1938 auf einer Er-
folgswelle zu schwimmen, obwohl er ein Unrechtsregime
errichtete, das ab 1933 Tausende von politischen Gefangenen in Konzentrationslager sperrte, die Juden ausgrenz-
te, entrechtete und enteignete sowie Hunderte von ihnen
bis Ende 1938 ermordete. Ihm kam zugute, dass Regierungen die staatliche Souveränität prinzipiell anerkennen;
wovon im Übrigen auch Benito Mussolini, der faschistische Regierungschef Italiens, und die radikalen japanischen Imperialisten profitierten.

Dennoch ist zu fragen, warum die Westmächte der
militanten Expansion der Aggressoren erst so spät Widerstand entgegensetzten. Ausschlaggebend waren wohl Bedenken, die dem Volk verantwortliche Politiker hegen,
wenn über den in der Regel moralisch bestreitbaren, politisch und militärisch risikoreichen, stets kostspieligen
Einsatz letzter Mittel zu befinden ist. Außerdem erinner-
ten sich Briten und Franzosen an ihre 2 332 000 Gefallenen sowie 5 166 000 Verwundeten im Ersten Weltkrieg.
Anders als Diktaturen, die beliebig handeln, sind demo-
kratische Regierungen einem realpolitischen Imperativ
verpflichtet: Zu tun ist im Allgemeinen, was im nationalen Interesse liegt.

1. Warnende Vorzeichen

Die sich in den meisten Ländern von 1929 bis 1933 aus-
wirkende konjunkturelle und die danach noch fortdau-

ernde strukturelle Krise der Weltwirtschaft brachten sozi-
ale sowie ökonomische Verwerfungen, förderten die Anstrengungen, um das Ziel der wirtschaftlichen Unabhängigkeit zu erreichen und verführten zur arbeitsintensiven
Aufrüstung.

Aus solchem Blickwinkel ist die 1931 beginnende japanische Besetzung der Mandschurei zu sehen. Ein Jahr
später zählte die reiche chinesische Provinz, als Satellitenstaat Mandschukuo, zu Japans Machtbereich. Das roh-
stoffarme, dicht bevölkerte und exportabhängige Kaiserreich verfügte damit über Bodenschätze, Siedlungsraum
und einen großen Absatzmarkt.

Washington, London und Paris wähnten ihre handels-
politischen und kolonialen Belange nicht bedroht, sie
reagierten daher zurückhaltend. Hingegen schloss Generalsekretär Josef W. Stalin, der die Gefahr eines Zweifrontenkriegs mit den Revisionisten erkannte, am 25. Juli mit
Warschau sowie am 29. November 1932 mit Paris Nicht-
angriffsverträge ab.

Der Völkerbund unternahm einen Schlichtungsversuch.
Japan sollte, sofern es Chinas Oberhoheit in der Mand-
schurei akzeptierte, dort weitgehenden Einfluss behalten.
Trotzdem lehnte Tokyo ab und trat, am 24. Februar des
Angriffskriegs beschuldigt, am 27. März 1933 aus dem
Völkerbund aus. Im Endeffekt blieb der Angreifer unbe-
straft.

Das Ergebnis dieser Herausforderung des Völkerbunds
ermutigte Mussolini und Hitler. Letzterem ging es nach
dem Regierungsantritt zunächst um die absolute Macht
im Innern, die er ab August 1934 besaß, den ökonomischen Aufschwung, der sich zum Wirtschaftswunder zu
entwickeln schien, und den Aufbau einer modernen, den
anderen Mächten überlegenen kriegsfähigen Wehrmacht.
Um das dritte Ziel nicht zu gefährden, steckte er außen-

politisch einen Kurs ab, der es gestattete, die schon in der
Weimarer Republik begonnene geheime Aufrüstung so
lange fortzusetzen, bis die eigene militärische Stärke das
Risiko von Sanktionen, das der Auf- und Ausbau der
Streitkräfte mit sich brachten, stark verringerte.

Dem entsprach die auswärtige Politik bis 1935, obwohl
die Deutschen am 14. Oktober 1933 viel wagten: Sie ver-
ließen die Genfer Abrüstungskonferenz, deren Verlauf
ihre Geheimrüstung in Gefahr brachte, und zogen aus
dem Völkerbund aus. Da die Großmächte vor politischen
Verwicklungen zurückschreckten, blieben Berlin nachtei-
lige Folgen erspart.

Hitler, der grundsätzlich bilaterale Abmachungen vor-
zog, war somit nicht mehr in das System kollektiver Konfliktlösung eingebunden. Nach dem aufsehenerregenden
Abschluss des Konkordats mit der Kurie (20.7.33) bedeutete der deutschpolnische Nichtangriffsvertrag (26.1.
34) erneut einen großen Erfolg. Der Pakt, der die Lage an
der Ostgrenze entspannte, gehörte für den Diktator zur
Vorbereitung des Kriegs gegen die Sowjetunion. Aber
trotz des Übereinkommens mit Warschau geriet das Regime 1934 in außenpolitische Schwierigkeiten. Als Nazis
am 25. Juli 1934 den österreichischen Bundeskanzler
Engelbert Dollfuß ermordeten, drohte kurzzeitig sogar
ein bewaffneter Konflikt mit dem ideologisch verwandten
Italien.

Beruhigung hätte der 1. März 1935 bringen können, an
dem das Saargebiet ins Reich zurückkehrte. Hitler nutzte
das Ereignis jedoch nicht, um einzulenken, vielmehr
beantwortete er das korrekte Verhalten des Völkerbunds
bei der Volksabstimmung an der Saar (13.1.35) mit weiteren Vertragsverletzungen. Am 9. März wurde der Aufbau der Luftwaffe enttarnt, am 16. die Wiedereinführung
der allgemeinen Wehrpflicht bekanntgemacht. Es kam zu

Reaktionen. Frankreichs Ministerpräsident Pierre-Etienne Flandin, Englands Premierminister James Ramsay MacDonald und Mussolini berieten (11. bis 14.4.35) in Stresa über Gegenmaßnahmen. Ihre Abschlusserklärung fiel eindeutig aus. Auch der Völkerbund verurteilte das deutsche Vorgehen. Im Mai unterschrieben Prag, Paris und Moskau Beistandsverträge. Zeichnete sich ein internationaler Abwehrblock ab, die von Hitler be- und gefürchtete «Einkreisung»?

Der Schein trog, denn London, das seine sich ankündigende Gefährdung durch Deutschlands See- und Luftrüstung begrenzen wollte, schloss am 18. Juni mit Berlin ein Flottenabkommen. Zwar sicherte dieses der *Royal Navy* auf absehbare Zeit eine beruhigende Überlegenheit, aber die Deutschen, die Großbritannien langfristig als Gegner anvisierten, störte das nicht weiter, schließlich konnten sie in den folgenden Jahren vertragstreu ein Rüstungsniveau erreichen, das es ihnen gestatten würde, bei Folgeverhandlungen ihre Seestreitkräfte als Druckmittel einzusetzen.

Mussolini wechselte ebenfalls den Kurs. Er wollte der seit ihrem Entstehen im 19. Jahrhundert instabilen italienischen Großmacht echte Stärke zuwachsen lassen: durch Expansion im mittelmeerischen Raum. Die Zielpunkte lagen im adriatisch-balkanischen Gebiet sowie in Nord- und Ostafrika, wo das Regime einen Krieg gegen das Völkerbundsmitglied Äthiopien vorbereitete. Trotzdem gaben die Franzosen im Januar 1935 grünes Licht für die Aggression. Die Engländer sperrten sich allerdings.

Erst jetzt näherte sich der «Duce» dem «Führer», der ihn ermutigte. Italiens Engagement in Afrika ermöglichte es nämlich, den deutschen Einfluss im anzuschließenden Österreich und im außenwirtschaftlich wichtigen Südosten, wo Berlin die Vormacht anstrebte, zu festigen. Ein langer afrikanischer Krieg diente also den eigenen Interessen, was Hitler bewog, beide Parteien insgeheim durch Waffenlieferungen zu unterstützen.

Ohne Kriegserklärung marschierten annähernd 500 000 Soldaten am 3. Oktober 1935 von Somalia und Eritrea aus in Äthiopien ein, das etwa 250 000 Mann zu mobilisieren vermochte. Es begann ein ungleicher Krieg, bei dem die Italiener rund 340 Tonnen Giftgas einsetzten. Sie beklagten 9000, die Äthiopier – mit Zivilisten – 275 000 Opfer. Am 5. Mai 1936 kapitulierte Addis Abeba, woraufhin Rom das «Impero» proklamierte. Der Konsens zwischen dem faschistischen Regime und der italienischen Bevölkerung erreichte seinen historischen Höhepunkt.

Im äthiopischen Fall verhängte der Völkerbund im November 1935 Sanktionen. Dass sie Italien nicht in die Knie zwangen, verdankte Rom dem unterschiedslosen materiellen Profitstreben der Mächte. Und im Juli 1936 wurde jedem Land freigestellt, den in Ostafrika gewaltsam herbeigeführten Zustand anzuerkennen – eine politische sowie moralische Bankrotterklärung.

Die durch Mussolinis Krieg bewirkte internationale Lage ausnutzend, marschierte die Wehrmacht am 7. März 1936 ins entmilitarisierte Rheinland ein. Deutsche Kommissstiefel zertrampelten den am 1. Dezember 1925 unterzeichneten Vertrag von Locarno, der den Frieden sicherer gemacht und die Verständigung zwischen Paris und Berlin auf den Weg gebracht hatte. Hitlers Coup war gewagt, aber für den von ihm geplanten Krieg benötigte er das Rekruten- sowie Rüstungspotential des Ruhrgebiets und eine Verteidigungslinie direkt vor der Grenze zu Frankreich. Erneut ging seine Rechnung auf. London machte gute Miene zum bösen Spiel, und Paris, das gern etwas unternommen hätte, traute sich allein nicht. Die Verurteilung durch den Völkerbund? Ritual!

Deutschlands Propaganda feierte die Remilitarisierung des Rheinlands – bedeutsame Weichenstellung auf dem Weg in den Krieg – als Erringen der «Rüstungsfreiheit». Mit einem Vierjahresplan (September 1936) beabsichtigte das NS-Regime, die Rüstung zu intensivieren und effizienter zu machen. Das tatsächlich Gewollte brachte eine Denkschrift Hitlers auf den Punkt: Binnen vier Jahren sollte die Wirtschaft kriegs- und die Wehrmacht einsatzfähig sein.

Der Spanische Bürgerkrieg, der am 17. Juli 1936 mit dem Umsturz nationalistischer Offiziere begann und am 28. März 1939 mit ihrem Sieg endete, stellte die Handlungsfähigkeit der Staatenwelt erneut auf die Probe. Aus ideologischen, militärischen, wirtschaftlichen und außenpolitischen Gründen unterstützten Berlin sowie Rom die Putschisten. Der Republik standen Moskau und die internationalen Brigaden bei, in denen Männer und Frauen aus 53 Nationen kämpften. Rund 500000 Leben kostete der barbarische Krieg. Gefangene wurden massakriert, Frauen vergewaltigt und Männer entmannt. Es kam zu Exzessen und Erniedrigungen jeder Art – auch mit dem Segen der Kirche, falls es sich bei den Opfern um Kommunisten handelte.

Die spanische Tragödie bestärkte die Revisionisten in ihrer Geringschätzung der Demokratien. Hitler ging erstmals auf Distanz zu seinem früheren Wunschpartner. Am 25. Oktober 1936 wies er, bei der Unterzeichnung der deutsch-italienischen Protokolle, Außenminister Graf Galeazzo Ciano auf die Notwendigkeit eines antibritischen Offensivbündnisses hin. Ein Jahr später waren die Briten für ihn «Hassgegner». Mussolini feierte die Vereinbarungen, die eine engere Kooperation begründeten und sein Land bündnispolitisch aufwerteten, am 1. November 1936 als *Achse* Berlin-Rom. Damals entstand zudem der ursprünglich gegen Moskau gerichtete, essentiell auf London zielende Antikominternpakt, den Berlin am 25. November 1936 mit Tokyo abschloss. Rom trat dem Abkommen am 6. November 1937 bei und fünf Wochen danach aus dem Völkerbund aus.

Als das weltpolitische Dreieck Berlin-Rom-Tokyo Gestalt annahm, tobte in Asien ein von Japan im Juli 1937 ausgelöster Krieg. Es ging um wirtschaftliche Großraumplanung und China sollte dabei Tokyos «Neue Ordnung» aufgezwungen werden. Im Frühjahr 1939 erstarrten die Fronten. Die Invasoren hielten zu jener Zeit 1 700 000 km² in Nord- und Mittelchina besetzt, aber die Verteidiger entzogen sich geschickt der Vernichtung. Zudem verbündeten sich die Kommunisten Mao Tsetungs und die Nationalchinesen Chiang Kaisheks, obwohl zutiefst verfeindet, zur Abwehr der Aggressoren. Auch in der durch Flächenbombardierungen und Gräueltaten terrorisierten Bevölkerung – die Eroberer massakrierten allein in Nanking im Dezember 1937 rund 200 000 Chinesen – wuchs der Widerstand.

Alle Regierungen wussten um die Massentötungen von Kriegsgefangenen, die systematischen Vergewaltigungen und die vielen anderen Bestialitäten. Die Scheußlichkeit der Verbrechen entsetzte die Welt, aber keine Macht griff ein. Nur die Zeit arbeitete für China, denn die japanischen Falken manövrierten sich zunehmend ins weltpolitische Abseits.

2. Das Schicksalsjahr 1938

Hitler wiederum änderte 1938 seine Ostasienpolitik. Er opferte den wirtschaftlich wichtigen Chinahandel und anerkannte Tokyos Hegemonialstellung. Das passte zu

der 1936 eingeleiteten bündnispolitischen Neuorientie-
rung. Durch die verstärkte Zusammenarbeit mit Japan
sollten die Westmächte und die Sowjetunion zur Zurückhaltung gegenüber dem Reich bewegt werden, das sich
– im Windschatten der Kriege in Europa und Asien – an-
schickte, jenen zentraleuropäischen Machtkern zu schaffen, der als Vorstufe der Kontinentalherrschaft galt.

Dazu gehörte der am 13. März 1938 vollzogene Anschluss von Österreich. Er brachte Deutschland Produktionskapazitäten, Energiereserven, Rohstoffe, Facharbeiter sowie Gold und Devisen, wovon Wien 1938 fast
doppelt soviel besaß wie Berlin. Geostrategische Posi-
tionsverbesserungen traten hinzu: direkter Zugang zum
Südosten und Einkreisung der Tschechoslowakei.

Seit 1937 beurteilte Hitler dieses wehrwirtschaftlich
bedeutende Land in erster Linie unter dem Aspekt eines
Westkriegs, bei dem es eine Gefahr im Rücken der Wehrmacht darstellte. Am 30. Mai befahl er den Generälen, ab
1. Oktober 1938 für die «Zerschlagung» der Tschechoslowakei bereit zu sein. Außenpolitische Isolierung und
Destabilisierung im Innern sollten dafür die Voraussetzungen schaffen. Als Vehikel diente ihm die deutsche
Minderheit, organisiert in der Sudetendeutschen Partei.
Am Ende gelang es, eine Krise in Gang zu setzen und bis
zur Kriegsgefahr zu steigern. Premierminister Arthur Neville Chamberlain traf sich daraufhin am 15. September
mit Hitler auf dem Obersalzberg, um eine Lösung des
sudetendeutschen Problems zu finden. Danach bewegten
Briten und Franzosen die Tschechen dazu, Gebiete, in
welchen der Anteil der Deutschen an der Bevölkerung
mehr als die Hälfte betrug, an das Reich abzutreten. Das
Treffen in Bad Godesberg (22. bis 24.9.) schien unter einem guten Stern zu stehen. Es endete hingegen mit einem
Eklat. Hitler konfrontierte Chamberlain ultimativ mit

neuen, unerfüllbaren Forderungen. Er wollte den Krieg! Eine Handvoll deutscher Offiziere sowie Diplomaten erkannte das und versuchte, ihn an seinem Vorhaben zu hindern – anlässlich der Sudetenkrise formierte sich erstmals ein nennenswerter, im Hinblick auf Motive und Zielsetzungen freilich sehr uneinheitlicher Widerstand.

Paris, London und Prag (letzteres schon am 23. September) leiteten Mobilmachungsmaßnahmen ein. Auf deutscher Seite bezogen sieben Angriffsdivisionen ihre Ausgangsstellungen. Europa stand am Rande der Katastrophe. Angesichts dieser Gefahr übernahm der «Duce» als Strohmann deutsch-britischer Geheimdiplomatie die Vermittlerrolle. Engländer, Franzosen, Italiener und Deutsche trafen sich Ende September 1938 in München, um einen Ausweg zu suchen. Das gelang – zu Lasten der Tschechoslowakei! Die Resultate der Konferenz schwächten das Land wirtschaftlich, bewirkten seine innere Auflösung und machten es verteidigungsunfähig, weil der Festungsgürtel in den Sudetengebieten verloren ging. Dagegen erhielt das Dritte Reich ein weiteres Mal Industriekapazitäten, Rohstoffe, Energievorräte und Facharbeiter. Unter machtpolitischen und großraumwirtschaftlichen Aspekten fiel ins Gewicht, dass Berlin nach der Einverleibung Österreichs und des Sudetenlands eine wachsende Anziehungskraft auf südosteuropäische Länder ausübte.

Hitler hat der Ausgang des Treffens trotzdem enttäuscht. Er hätte eine kriegerische Lösung bevorzugt: Nicht zuletzt deshalb, weil er begriff, dass das Vorgehen der Appeasementpolitiker, die sich der Beschwichtigung ebenso bedienten wie der Abschreckung und inzwischen den Rüstungsvorsprung der Wehrmacht verkürzten, nicht unbedingt Schwäche ausdrückte.

Dass London und Paris das Schweigen der Waffen 1938 teuer erkauften, widerspricht dem nicht. Glaubte man doch, das Münchener Abkommen (29.9.38) und die gemeinsame Erklärung von Hitler und Chamberlain (30.9.38) habe den Krieg verhindert und garantieren den Zustand, den gerade die Briten für die Wahrung ihrer Weltmachtstellung sowie die Sicherung des Empires benötigten. Deshalb erschien der Preis annehmbar. Appeasement war eben keine Spielart des Altruismus, sondern eine pragmatische Strategie im Dienste nationaler Interessen, die mit politischen und wirtschaftlichen Gegenmaßnahmen auf die Herausforderung durch die Aggressoren antwortete. Sie bezweckte, diese in das Regelwerk internationaler Konfliktlösung einzubeziehen und so zu kontrollieren. Der britische Premierminister glaubte, das erreicht zu haben. Was er nicht ahnte – Hitler hatte Mussolini noch vor Konferenzbeginn mitgeteilt, dass der Krieg gegen Briten und Franzosen unvermeidbar sei. Der Diktator unterstellte damals, dass ihm die britische Regierung, obwohl sie seit November 1937 einen Interessenausgleich anbot, weiterhin die freie Hand auf dem Kontinent verweigern würde. Demgemäß agierte er. Drei Wochen nach München erfolgte sein nächster Wortbruch.

Ab dem 21. Oktober planten die Militärs die «Erledigung der Resttschechei» und die «Inbesitznahme des Memellandes». Wiederum blieb ihnen der Kampf erspart. Litauen musste die ultimativen Forderungen erfüllen, deutsche Truppen marschierten am 23. März ins Memelgebiet ein. Gegenüber Prag bediente sich Berlin des slowakischen Separatismus. Am 15. März, einen Tag nach Bratislavas Souveränitätserklärung, wurde Staatspräsident Emil Hácha unter Androhung militärischer Gewalt genötigt, einen Diktatvertrag zu unterschreiben, der Böhmen und Mähren zum «Reichsprotektorat» herabwürdigte. Deutschland griff erstmals nach Territorien, die jenseits seiner nationalstaatlichen Grenzen lagen. Vom

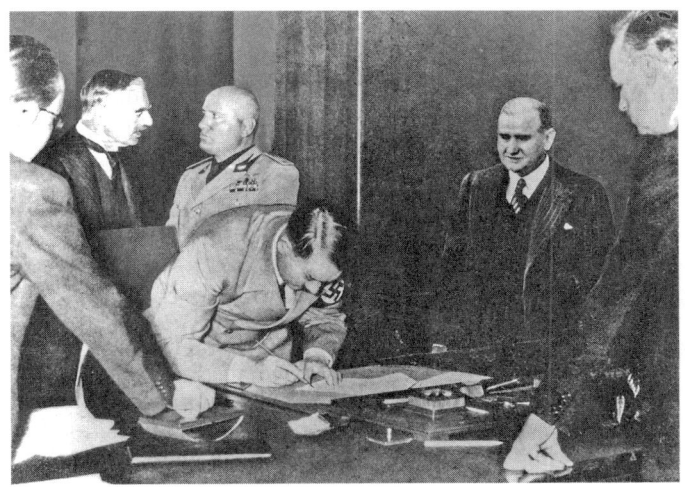

*Hitler unterschreibt am 30. September 1938 zwischen zwei und
drei Uhr morgens das «Münchener Abkommen», das offiziell vom
Vortage datiert. Im Bildhintergrund links sieht man den britischen
Premierminister Arthur Neville Chamberlain (de profil), der mit
dem italienischen Diktator Benito Mussolini diskutiert, rechts sind
der französische Ministerpräsident Edouard Daladier (en face) und
Reichsaußenminister Joachim v. Ribbentrop zu erkennen.*

Erfolg überwältigt schwärmte Hitler am 15. März auf der Prager Burg: «Ich lobe mich ja nicht, aber hier muß ich wirklich sagen, das habe ich elegant gemacht». Das Verhalten der Regierungen in London und Paris schien ihm Recht zu geben. Zwar lehnten es beide ab, die Auflösung des tschechischen Staates als Fait accompli hinzunehmen, aber die Beziehungen zu Berlin brachen sie nicht ab, da Chamberlain und dem französischen Ministerpräsidenten Edouard Daladier noch immer daran lag, den Frieden so lange wie möglich zu erhalten. Der «Führer» betrieb das genaue Gegenteil. Diesbezüglich zogen die Nazis großen Gewinn aus tschechischen Devisen- und Goldbeständen, Rohmaterialien, Rüstungsbetrieben sowie Nahrungsmitteln. Überdies erfuhr die Kriegsvorbereitung einen kräftigen Schub, da der Wehrmacht militärische Ausrüstung, leichte sowie schwere Waffen in riesigen Mengen in die Hände fielen; darüber hinaus erweiterte der Satellitenstaat Slowakei das Gebiet für den Aufmarsch gegen Polen.

3. Der Entschluss zur Aggression

Bei Hitlers Entscheidung, den Krieg 1939 zu entfesseln, wirkten mehrere Faktoren zusammen. Gesichert erscheint, dass der 50jährige «Führer» aus einem subjektiven und einem objektiven Grund Zeitdruck empfand. Er meinte, keine hohe Lebenserwartung zu haben, und wusste, dass die verstärkt aufrüstenden Gegner den von der Wehrmacht mühsam gewonnenen Vorsprung aufholten. Ferner befand sich das Reich wirtschafts- und finanzpolitisch in iner prekären Lage. Auf keinen Fall ließen sich eine Konsumgüterherstellung, die den Erwartungen der Bevölkerung genügte, und eine der Kriegsplanung adäquate Rüstungsfertigung auf Dauer gleichzeitig aufrechterhalten.

Im Ganzen steht fest, dass Hitler nach der Zerstörung der Tschechoslowakei den Zeitpunkt gekommen sah, das zu tun, was er gemäß eigener Aussage am liebsten tat – va banque spielen! Hierbei wollte der Diktator zunächst seine mittelfristigen Ziele durchsetzen, da er dies keinem Nachfolger zutraute. Deutschland wäre demnach – neben den Vereinigten Staaten, Großbritannien und Japan – schrittweise zur vierten Weltmacht aufgestiegen. Es hätte Kontinentaleuropa bis zur Linie Volga-Archangel'sk beherrscht und ein afrikanisches Kolonialreich besessen, das sich vom Atlantischen bis zum Indischen Ozean ausdehnte.

Dieser Planung entsprach das erneute *Angebot* an Warschau vom 21. März: Anerkennung der polnischen Westgrenze, des Weichsel-Korridors, des Freihafens in Danzig und der Gebietsansprüche in der Ukraine. Der Gegendienst: Eindeutschung der unter Völkerbundsaufsicht stehenden Freien Stadt Danzig und eine exterritoriale Straßen- sowie Bahnverbindung nach Ostpreußen. Das Land sollte ferner das Aufmarschgebiet für den Ostkrieg zur Verfügung stellen oder, im Fall eines vorhergehenden Westkriegs, Rückendeckung gewähren.

Als Warschau am 26. März ablehnte, erteilte Hitler am 3. April die Weisung, «Fall Weiß», den Angriff auf Polen vorzubereiten, der ab 1. September 1939 jederzeit machbar sein musste. Er wollte den Krieg – möglichst ohne britische Beteiligung. In der Folgezeit bemühte man sich, Polen international zu vereinsamen, die eigene Bevölkerung für und das Ausland gegen den Krieg einzunehmen, Friedensbemühungen abzublocken und die für die etappenweise Programmverwirklichung günstigste Mächtegruppierung zustande zu bringen.

Nach dem 15. März 1939 begann das Finale des jahrelangen Ringens zwischen Friedenspolitikern und Kriegstreibern. Großbritannien führte die Demokratien an, Frankreich, innerlich schwach und als Militärmacht ebenso überschätzt wie Polen, spielte lediglich die zweite Geige. Dabei wechselte die Regierung Chamberlain, obwohl grundsätzlich gesprächsbereit, die politische Methode. Sie antwortete nun auf alle Aktionen, die ihr zu Recht oder zu Unrecht als friedensgefährdend erschienen, mit entschlossenen Maßnahmen. Zu solchen Reaktionen zählten die britisch-französische Garantieerklärung vom 31. März für die polnische Unabhängigkeit sowie das Ausdehnen der Garantie, nur sechs Tage nach der italienischen Invasion am 7. April in Albanien, auf Rumänien und Griechenland. Auch die mit Ankara am 12. Mai unterzeichnete Beistandserklärung, der sich Paris etwas später anschloss, gehörte zu jener Politik. Bestandteile des britischen Abschreckungsszenarios bildeten ferner die Einführung der allgemeinen Wehrpflicht (26.4.39), das Vorantreiben der Heeresrüstung sowie der Luftabwehr und der Aufbau einer antideutschen Defensivallianz in Osteuropa. Sie scheiterte spätestens im August 1939 in allen denkbaren Varianten am Misstrauen der zu schützenden Staaten hinsichtlich des Einsatzes der Roten Armee auf ihrem Territorium.

Bereits vorher, im Juli, gerieten auf nachgeordneter Ebene geführte deutsch-britische Expertengespräche in eine Sackgasse. Denn London ließ zwar Bereitschaft zu großmütigen wirtschaftlichen und politischen Abmachungen erkennen, bestand aber darauf, dass alle Gebietsveränderungen friedlich erfolgen müssten. Unannehmbar für Hitler, der sein Lebensraumprogramm nur mit Gewalt verwirklichen konnte. Im Hinblick darauf gab sich der «Führer», der am 28. April den Nichtangriffsvertrag mit Polen und das Flottenabkommen mit England gekündigt hatte, kompromisslos. Er beharrte auf seiner Planung, und

für die erwies es sich als vorteilhaft, dass Polen geostra-
tegisch isoliert dastand. Zudem kam ab Mitte März, weil
Stalin Verständigungsbereitschaft signalisierte, vielversprechende Bewegung ins deutsch-sowjetische Verhältnis.

Auf den Westen bezogen erklärte Hitler am 23. Mai
1939 vor den Spitzen der Wehrmacht, das Reich werde
äußerstenfalls sogar die Herausforderung durch London
und Paris annehmen. Doch er hoffte, eine britisch-französische Intervention verhindern zu können. Das schien am
erfolgversprechendsten durch ein deutsch-italienisch-japa-
nisches Bündnis möglich zu sein. Die Einbeziehung Moskaus wurde unterschiedlich beurteilt. An sich glaubte
Berlin, dass bereits ein Dreimächtepakt Briten und Franzosen vom Krieg fernhalten würde, da er für ihre Seeverbindungen und Kolonien eine ständige latente Bedrohung
darstellte, sie also selbst dann zur Kräftezersplitterung
zwang, wenn Italien und Japan nicht sofort aktiv eingriffen.

In der Annahme, dass Deutschland bis 1943 den großen Konflikt vermeiden würde, schloss Rom am 22. Mai
1939 mit Berlin ein fast uneingeschränktes Militärbündnis ab: den *Stahlpakt*. Dagegen zögerten die in der Bünd-
nisfrage gespaltenen Japaner. Einigkeit herrschte bei ihnen nur hinsichtlich der antisowjetischen Ausrichtung des
Pakts. Das änderte sich nach dem 20. August, an dem
Stalins Fernostarmee der Kwantung-Armee in der mon-
golisch-mandschurischen Grenzregion von Nomonhan-
Haruha eine herbe Niederlage beibrachte. Die kaiserlichen Generäle sahen ein, dass sie der Roten Armee nicht
Paroli bieten konnten. Praktisch beendete der Waffenstillstand vom 15. September 1939 die strategischen Planungen für eine Nordexpansion. Das Inselreich, insbesondere seine Marineführung, favorisierte zunehmend ein
antiwestliches Ausgreifen nach Süden.

Noch vor dem japanischen Desaster unterzeichneten Reichsaußenminister Joachim v. Ribbentrop und Vjaceslav Michajlovic Molotov, Volkskommissar für Auswärtige Angelegenheiten, am 23. August den «Nichtangriffsvertrag zwischen Deutschland und der Union der Sozialistischen Sowjetrepubliken». In einem geheimen Zusatzprotokoll teilten die Diktatoren, deren Zusammenfinden allgemein schockierte und Kommunisten wie Nazis auf das Äußerste irritierte, Ostmitteleuropa unter sich auf. Moskaus Einflusszone umfasste Finnland, Estland, Lettland und Bessarabien, die von Berlin Litauen samt Wilnaer Gebiet. Die Linie Narew-Weichsel-San sollte die beiderseitigen Interessensphären im noch zu teilenden Polen scheiden.

All das harmonierte mit Stalins realpolitisch begründeten Zielen: Umzeichnung der politischen Landkarte von der Ostsee bis zum Schwarzen Meer, Zeitgewinn für Industrialisierungs- und wirtschaftliche Modernisierungsvorhaben, Intensivierung der Aufrüstung und Herstellen einer Lage, in der Moskau – ohne notwendigerweise militärisch einzugreifen – unter abgekämpften Gegnern zum entscheidenden Gewicht werden und so in Osteuropa die Rückkehr zum Status quo ante verhindern würde.

Bei Hitler lagen dem Vertragsabschluss, der erst nach einem am 19. August besiegelten Handels- und Kreditabkommen zustande kam, situationsbedingte Motive zugrunde: Neutralisation der einzigen Macht, die Polen direkt unterstützen konnte, Vermeiden eines langen Zweifrontenkriegs, sichere Nahrungsmittel- und Rohstoffversorgung, Aufbau einer Mächtekonstellation, die Paris und London vom Eingreifen abzuschrecken versprach. Zugleich sollte der Nichtangriffsvertrag, den Hitler – am Ziel der Eroberung von Lebensraum im Osten festhaltend – sozusagen mit Stalin gegen die Sowjetunion abschloss, im eigenen Lager die Skeptiker gegenüber den deutschen Siegeschancen überzeugen. Am wichtigsten erschien ansonsten, dass der Pakt eine Neutralitätsverpflichtung enthielt, die Angriffe auf Drittländer möglich machte. Demgegenüber war belanglos, dass Tokyo protestierte und seine Beziehungen zu Berlin einen Tiefpunkt erreichten. Denn verglichen mit dem Vertrag wäre jedes deutsch-japanische Militärbündnis von minderer strategischer Qualität gewesen.

Die letzte Augustwoche sah Friedensappelle, Vermittlungsangebote, Täuschungsmanöver, Einschüchterungsversuche und Mobilmachungsmaßnahmen. Am 25. schürzt sich der Knoten des Dramas. Hitler befiehlt, Polen am nächsten Morgen anzugreifen. Die Soldaten marschieren bereits, als Mussolini mitteilt, er müsse, da Italien nicht kriegsbereit sei, neutral bleiben. Zu guter Letzt geht noch die Nachricht vom britisch-polnischen Beistandspakt ein. Der Angriffsbefehl wird zurückgenommen.

Saß der «Führer» in der Flaute? Keineswegs! Hitler pokerte lediglich noch einmal. Gewiss, die Truppenbewegungen wurden angehalten. Das geschah aber allein deshalb, weil die Generäle, denen sich die Chance bot, die noch nicht abgeschlossene Mobilmachung weiter voranzutreiben, dies für machbar hielten. Kurzum, der «Führer» inszenierte ein Verwirrspiel, um die britisch-französisch-polnische Allianz doch noch zu spalten. Als sich zeigte, dass das nicht glückte, befahl er am 31. August, am folgenden Tag anzugreifen. SS-Männer täuschten polnische Grenzverletzungen vor und griffen den grenznahen deutschen Sender Gleiwitz an, um die Aggression propagandistisch als Gegenaktion hinstellen zu können – es kam zu ersten Morden. Ein entfesselter Krieg nahm seinen Lauf, dessen Beginn zum Urverbrechen wurde, das alle kommenden Verbrechen ermöglichte.

4. Die Kriegsentfesselung

Am Morgen des 1. September fiel die Wehrmacht – ohne die völkerrechtlich zwingend vorgeschriebene Kriegserklärung – in Polen ein. London und Paris verlangten umgehend die Einstellung der Kampfhandlungen und den Rückzug der deutschen Truppen aus polnischem Gebiet. Da die entsprechenden Noten unbeantwortet blieben, forderte man Hitler zwei Tage später ultimativ auf, eine diesbezügliche Zusicherung abzugeben. Als die Frist verstrichen war, erklärten sich Großbritannien, Frankreich, Australien, Indien und Neuseeland am 3. September als mit dem Deutschen Reich im Kriegszustand befindlich. Die Südafrikanische Union folgte am 6. und Kanada am 10. September.

Der Diktator erließ sofort Aufrufe an das Volk und an die Partei, in denen er behauptete, Deutschlands «jüdisch-demokratischer Weltfeind» sei für den Krieg verantwortlich. Als Konsequenz hatte er in seiner Reichstagsrede vom 30. Januar 1939 die «Vernichtung der jüdischen Rasse in Europa» vorhergesagt; und das meinte Hitler ernst. Der Völkermord an den europäischen Juden stellte – neben der Eroberung von Lebensraum im Osten als Voraussetzung für den Griff nach der Weltherrschaft – sein zweites eigentliches Ziel dar. Die Verwirklichung begann mit dem Einmarsch in Polen: durch Erschießungen und administrative Maßnahmen.

Über die interne Reaktion auf die alliierten Kriegserklärungen gibt es unterschiedliche Aussagen. Joseph Goebbels, Reichsminister für Volksaufklärung und Propaganda, notierte am 4. September in seinem Tagebuch, der «Führer» sei «sehr zuversichtlich» und rechne im Westen, bis zum Sieg über Polen, mit einem «Kartoffelkrieg». In der Tat hoffte Hitler Anfang September, dass die Briten und Franzosen einlenken würden. Eine Illusion, da – wie der Staatssekretär des Auswärtigen Amts Ernst v. Weizsäcker bereits am 5. des Monats in seinen «Papieren» ahnungsvoll schrieb – nicht angenommen werden durfte, dass die «Gegner» mit Hitler und Ribbentrop «Frieden» schließen würden. Weizsäcker behielt Recht. Zwar gab es wiederholt Bemühungen, einen Kompromiss- oder Sonderfrieden zu erreichen, aber wegen der Natur der Auseinandersetzung und der Grundhaltungen der Hauptakteure hatten solche Versuche bis zuletzt definitiv keine Aussicht auf Erfolg.

Hitler, der gemeinsam mit militärischen, diplomatischen, wirtschaftlichen und wissenschaftlichen Repräsentanten deutscher Revanche- sowie Aggressionspolitik 79 Monate lang einen Krieg vorbereitete, den er dann – ohne die ursprünglich vorgesehenen Pausen – rund 68 Monate führte, befand sich im Sommer 1939 am Ziel. Doch entgegen seiner Annahme weitete sich der Überfall auf Polen sofort zur Auseinandersetzung mit den beiden mächtigsten Weltreichen aus. Allein die britischen Dominions, Kolonien und Mandate umfassten ein Viertel des Erdballs. Es trat hinzu, dass die Sympathien der offiziell neutralen Amerikaner nicht den Deutschen gehörten. Letztere folgten ihrem «Führer» loyal in einen Krieg, für den der Wehrmacht das strategische Konzept fehlte.

Somit triumphierten am 1. September 1939 die Kriegstreiber über die Friedenspolitiker. Den «Appeasern» war es nicht gelungen, den Krieg abzuwenden, was nicht bedeutet, dass sie ihn ermöglichten. Wer ihrer Politik gerecht werden will, muss sich fragen, welche Alternativen wann angemessen und bei Berücksichtigung der militärischen Fakten, der wirtschafts- und innenpolitischen Gegebenheiten, der internationalen Lage sowie der nationalen Interessen mit welchen Folgen durchsetzbar gewesen wären. Auf die historische Situation bezogen und eingedenk der Tatsache, dass, solange Hitler an den Schalthebeln der Macht saß, der Krieg nur hinausgezögert, aber auf Dauer nicht verhindert zu werden vermochte, fällt die Bilanz der Appeasementpolitik nicht schlecht aus.

Hätte der Diktator die Aggression 1939 auch ohne den Pakt mit Moskau gewagt? Mit letzter Sicherheit lässt sich diese Frage nicht beantworten. Unstrittig ist hingegen, dass der machiavellistische Realpolitiker Stalin, der wie jeder Politiker zuerst an das eigene Land dachte, durch seinen Beitrag zur deutschen wehrwirtschaftlichen Stabilisierung die Schwelle zum Krieg tief absenkte. Dennoch lag es ausschließlich bei Hitler, den entscheidenden Schritt zu tun. Er tat ihn aus eigenem Antrieb, ohne objektive Notwendigkeit, und keiner hat ihn arglistig dazu verführt.

Nichtsdestoweniger meinen einige Historiker, aus einer von ihnen als Schlüsseldokument zitierten Rede Stalins vom 19. August 1939 schließen zu können, dass nicht Hitler, sondern der sowjetische Diktator der Spiritus rector des sich abzeichnenden europäischen Krieges gewesen sei. So weit, so gut. Peinlich nur, dass man sich dabei – wie der russische Historiker Sergej Slutsch nachweisen konnte – auf eine Rede bezog und bezieht, «die es nie gab».

III   *Nebenkriege, die nichts entscheiden*

Das Reich, das seit dem 1. September einen Krieg führte,
der, so der Philosoph Karl Jaspers, in «Ursprung und
Durchführung verbrecherische Tücke und bedenkenlose
Totalität des Vernichtungswillens» ausdrückte, und in
dem die «Wehrmacht als Organisation» es übernahm,
«Hitlers verbrecherische Befehle auszuführen», mobili-
sierte ungefähr 4 600 000 Mann. Von den 103 Divisionen
des Feldheeres lagen 43 Infanteriedivisionen, darunter 21
mit geringer Kampfkraft, an der Westgrenze zwischen
Nordhorn und Basel. Im Osten standen 55 Großverbände
sowie kleinere Einheiten, Teile der SS-Verfügungstruppe
(ab Ende 1939 Waffen-SS) und slowakische Kontingente.
Das Heer galt noch nicht als uneingeschränkt kriegsbereit, außerdem führten knappe Ressourcen immer wieder
zu Engpässen bei Bevorratung und Ergänzung. Aber die
Truppe verfügte über eine hohe Erstschlagkapazität.
      Frankreich stellte 94 Divisionen mit knapp 5 000 000
Mann auf. Personell, materiell und waffentechnisch waren sie den deutschen in etwa gleichwertig. Und im September trafen erste Teile des britischen Expeditionskorps
auf dem Kontinent ein. Es wuchs bis zum Mai 1940 auf
rund 400 000 Mann an, die sich auf 13 Divisionen mit
zum Teil geringer Kampfkraft verteilten. Insgesamt standen 1939 in Großbritannien 1 270 000 Männer unter
Waffen.
      Deutschlands Luftwaffe besaß im Ganzen 4093 Front-
flugzeuge, darunter 1542 Bomber, 771 Jäger und 408 Zerstörer. Die *Royal Air Force* mit 1460 Frontflugzeugen

konnte mindestens 536 Bomber sowie 608 Jäger einsetzen. Zu den 1735 französischen Frontflugzeugen gehörten 590 Jäger und 643 Bomber.

Mit 2 Schlachtschiffen, 3 Panzerschiffen, einem Schweren Kreuzer, 6 Leichten Kreuzern, 21 Zerstörern, 12 Torpedo- und 57 U-Booten war die Kriegsmarine klar unterlegen. Die *Royal Navy* umfasste 15 Schlachtschiffe, 7 Flugzeugträger, 15 Schwere und 49 Leichte Kreuzer, 192 Zerstörer sowie 62 U-Boote. Frankreichs Marine meldete 7 Schlachtschiffe, einen Flugzeugträger, 7 Schwere und 11 Leichte Kreuzer, 61 Zerstörer, 12 Torpedo- sowie 79 U-Boote einsatzbereit. (Im Übrigen ist zu den bis jetzt zitierten und den noch zu nennenden Zahlen anzumerken, dass in der Regel auch andere, abweichende Zahlenangaben existieren. Zu berücksichtigen ist ferner, dass Truppen, leichte sowie schwere Waffen, Flugzeuge und Kriegsschiffe qualitativ nicht ohne weiteres gleichzusetzen sind.)

1. Der polnische Krieg

Die Kampfhandlungen setzten an jenem 1. September um 04.47 Uhr mit dem Feuer des als Schulschiff dienenden Linienschiffs «Schleswig-Holstein» gegen die Westerplatte ein, die festungsartig ausgebaute Landzunge am Eingang zum Danziger Hafen, auf der sich seit 1924 ein polnisches Munitionsdepot befand. So ist es in zahlreichen Büchern und Aufsätzen nachzulesen. Doch jene jahrzehntelang tradierte Sichtweise der Kriegseröffnung trifft nicht zu. Neue Forschungen erhärten nämlich den Befund, dass der Kampf um 04.35 Uhr in Wielún begann, einer polnischen Kleinstadt, rund 100 km östlich von Breslau gelegen: kein Militär, ohne Industrie, nicht einmal ein Verkehrsknotenpunkt. Sturzkampfbomber der Luftwaffe vernichteten den Ort befehlsgemäß, bombardierten sogar

*Deutsche Soldaten öffnen gewaltsam einen Schlagbaum
an der Grenze zu Polen.*

das korrekt gekennzeichnete Krankenhaus. 380 Bomben mit 46000 Kilogramm Sprengkraft warfen die Flieger über dem danach zum Teil bis zu 90 Prozent zerstörten Marktflecken ab. Man zählte rund 1200 Tote, Opfer eines Massakers, mit dem der Oberbefehlshaber der Luftwaffe, Generalfeldmarschall Hermann Göring, den Bombenterror im Zweiten Weltkrieg eröffnen ließ.

Zu Lande traten 1500000 Deutsche, überlegen an Artillerie und Panzern, gegen 1300000 Polen (37 Divisionen und 13 Brigaden) an, wobei die Zahl der Kampftruppen erheblich niedriger lag. Veraltete polnische Flugzeuge flogen chancenlos gegen die Maschinen der Luftwaffe. Die Seestreitkräfte? Bedeutungslos!

Zwei Heeresgruppen mit 54 Divisionen, davon sechs Panzerdivisionen, operierten aus Pommern, Schlesien, der Slowakei sowie Ostpreußen auf die polnische Hauptstadt. Diese kapitulierte am 27. September nach dreitägigen Flächenbombardements, die 10000 Tote forderten. Die Festung Modlin, ebenfalls ein Zentrum des Widerstands, streckte am Tag darauf die Waffen. Letzte Truppen ergaben sich am 6. Oktober. Rund 90000 Mann entkamen in Nachbarländer. Von dort schlug sich das Gros nach Frankreich durch, wo 1940 circa 84000 Polen auf alliierter Seite kämpften.

Dass die Westmächte trotz der Schwerpunktbildung des deutschen Heeres im Osten in der Defensive verharrten, erklärt sich teilweise mit Frankreichs Mobilmachungssystem, dem Festhalten an überholten taktischen und operativen Führungsgrundsätzen, der Überschätzung des Gegners sowie den Erfahrungen des Ersten Weltkriegs. Jene legten es nahe, zunächst hinter der Maginotlinie, einem Elsass-Lothringen schützenden Befestigungsgürtel abzuwarten. Zudem respektierten Briten sowie Franzosen die Neutralität der Beneluxstaaten, und die wäre bei einem Angriff, der den von Basel nach Kleve verlaufenden deutschen Westwall im Norden umgangen hätte, verletzt worden. Ausschlaggebend dürfte jedoch gewesen sein, dass der Oberbefehlshaber der alliierten Landstreitkräfte, General Maurice-Gustave Gamelin, eine Strategie bevorzugte, die auf den langen Krieg und die Ermattung des Gegners setzte.

Der Erfolg im ersten von fünf Nebenkriegen (Polen, Skandinavien, Westen, Balkan sowie Nordafrika), die Hitler vor dem Überfall auf die Sowjetunion, der seinen Hauptkrieg eröffnete, führte, beruhte primär auf waffentechnischer, materieller und operativer Überlegenheit, dem schnellen Ausschalten der gegnerischen Luftwaffe und dem Antreten aus günstigen Ausgangsstellungen.

Um «Blut» zu sparen, hatten die Deutschen auf ein frühes Eingreifen der Sowjets gedrängt. Vier Gründe dürften Stalin davon abgehalten haben: Die Entscheidung in Ostasien, die den Zweifrontenkrieg endgültig ausschloss, fiel erst Mitte September; der schnelle deutsche Vormarsch überraschte; die Mobilisierung der eigenen Truppen bereitete Probleme; und Stalin, der glauben machen wollte, dass es ihm nur um zwischen Warschau und Moskau umstrittene Gebiete ging, beabsichtigte, frühestens dann zu handeln, wenn Polen als Staat so gut wie nicht mehr existierte. Das war am 17. September der Fall, als sich die polnische Regierung außer Landes begab, und nun marschierte die Rote Armee.

Frühzeitig teilten sich die Aggressoren die Beute. Ribbentrop und Molotov unterschrieben am 28. September einen Grenz- und Freundschaftsvertrag, der die Demarkationslinie im «bisherigen» polnischen Staat bestimmte. Moskau erhielt Ostpolen. Auch Litauen, ausgenommen der Landzipfel von Suwalki, gehörte fortan zu seiner Interessensphäre. Als Kompensation bekam das Reich, dem

West- und Zentralpolen zufielen, Teile der Woiwodschaf-
ten Warschau und Lublin, also Gebiete, die an den Bug
grenzten. Der deutsche Machtbereich wurde dadurch um
maximal 450 km nach Osten ausgedehnt.

Westpolen gliederten die Nazis als Reichsgaue Danzig-
Westpreußen und Wartheland ins deutsche Staatsgebiet
ein. Mit den Regierungsbezirken Zickenau und Katto-
witz, die Ostpreußen respektive Schlesien zufielen,
umfassten jene Landesteile 90 000 km² (9 745 000 Ein-
wohner). Das restliche polnische Territorium bis zur
Demarkationslinie mit der Sowjetunion machten die
Deutschen zum «Generalgouvernement», 98 000 km² mit
annähernd 12 000 000 Bewohnern. Es diente zur Auf-
nahme deportierter Menschen, vor allem von Juden, der
Ausbeutung und Beschaffung von Arbeitssklaven.

Ein Krieg war beendet, zu dessen Wesen Hitler, am
Vorabend des Pakts mit Stalin, vor den höheren Befehlshabern von Heer, Luftwaffe und Marine samt Stabschefs
sowie den Amtschefs des Oberkommandos der Wehrmacht apodiktisch festgestellt hatte: Die zu praktizierende
Kriegführung müsse brutal, ohne Mitleid und von größ-
ter Härte sein. Der «Führer» strebte keinen europäischen
Normalkrieg an, vielmehr gab er als Ziel die «Beseitigung
der lebendigen Kräfte» Polens, die «Vernichtung» des
Landes vor. So geschah es. Die oberste militärische Führung widersetzte sich nicht.

Deswegen protestierte der Oberbefehlshaber Ost, Generaloberst Johannes Blaskowitz, vergeblich beim Oberbefehlshaber des Heeres, Generaloberst Walther v. Brauchitsch, gegen das «Abschlachten» von «Juden und
Polen». Gleiches gilt für den Widerspruch hoher Frontbe-
fehlshaber im Osten und Westen gegen das verbrecherische Handeln von sechs «Einsatzgruppen der Sicherheitspolizei» (rund 2700 Mann, verteilt auf 16 Einsatzkom-

mandos) und einer «Einsatzgruppe z.b.V.», die im Operationsgebiet dem Heer unterstanden. Sie nahmen mas-
senhaft Juden, Angehörige des Klerus, des Adels sowie
der polnischen Intelligenz gefangen, die sie als so genannte reichs- und deutsch-feindliche Elemente deportierten
oder ermordeten. Aber nicht nur die Schergen Heinrich
Himmlers, Reichsführer SS und Chef der deutschen Polizei, sondern auch Wehrmachtangehörige töteten unschul-
dige Zivilisten, brannten beliebig Synagogen, Bauernhöfe
und ganze Ortschaften nieder, misshandelten Gefangene
sowie wehrlose Zivilisten, vergewaltigten Frauen, plün-
derten Haushalte und Geschäfte.

Faktum ist ferner, dass die Polen, um deren Schicksal
sich der deutsche Normalbürger wenig scherte, nach dem
Sieg als Untermenschen angesehen und dementsprechend
behandelt worden sind. Der deutsch-polnische Krieg und
die nachfolgende Besatzungsherrschaft entwickelten sich
– historisch gesehen – zum Modellfall für die Zerstörung
Europas durch die nazistische, ideologisierte Kriegführ-
rung.

Was unter anderen Blaskowitz anprangerte, betraf einige zehntausend Menschen, doch Brauchitsch verhielt sich
ganz im Sinne der Hitlerschen Polenpolitik. Wie viele andere teilte er wohl die Auffassung des «Führers», dass der
«Stärkere» das «Recht» auf seiner Seite habe. Das Völkerrecht berücksichtigten die Nazis, wenn überhaupt, nur
nach eigenem Ermessen.

Stellungnahmen wie die des Oberbefehlshabers Ost
erbosten Hitler. Nicht zufällig ernannte er Himmler am
7. Oktober zum «Reichskommissar für die Festigung des
deutschen Volkstums», zuständig für die rassistische Um-
siedlungs-, Germanisierungs- und Ausrottungspolitik in
den von der Wehrmacht besetzten Ländern. Bei der programmatisch beabsichtigten Ermordung der europäischen

Juden bestand zwischen diesen Tätigkeitsfeldern ein un-
mittelbarer Zusammenhang.

In jenem Oktober wurde außerdem Hitlers – auf den
1. September zurückdatierter – Erlass herausgegeben, der
die als Euthanasie bezeichnete *Ausmerzung* von *lebens-
unwertem Leben* sanktionierte. Ein seit langer Zeit ge-
plantes Verbrechen, dessen Verwirklichung der Krieg
ebenso möglich machte wie den Völkermord an den
europäischen Juden. Circa 120000 kranke sowie behin-
derte Menschen ließ das Regime durch Gas, Gift, Verhungern oder Erschießen umbringen, und das führte zu
Protesten der Bevölkerung sowie beider Kirchen. Die
Nazis unterbrachen daraufhin die Krankentötung Ende
1941, ohne sie vollkommen aufzugeben. Ansonsten
scheint das Morden Hitlers Ansehen bei den Volksgenossen nicht beeinträchtigt zu haben.

In seiner Rede am 6. Oktober 1939 forderte er London
und Paris auf, die Vernichtung des polnischen Staates anzuerkennen. Das hätte die Polen, deren nationale Belange
die Exilregierung von General Wladyslaw Sikorski ver-
trat, deutscher sowie sowjetischer Willkür ausgeliefert.
Kein Wunder, dass Ministerpräsident Daladier und Premierminister Chamberlain das Ansinnen am 10. beziehungsweise 12. Oktober zurückwiesen. Alle Signale standen auf Westkrieg. Der «Führer», so der Tagebucheintrag
von Goebbels am 14. Oktober, sei «froh, dass es nun gegen England losgehen» werde. In der Tat erließ Hitler
drei Tage nach besagter Rede die Weisung Nr. 6 zur Vorbereitung des Angriffs im Westen.

2. Zwischenspiele in Skandinavien

Und Stalin? Er nutzte die Lage, um sich gegen Überra-
schungen im deutsch-britisch-französischen Konflikt ab-

zusichern. Dazu gehörte die rücksichtslos vollzogene Annexion von 201 000 km² polnischen Territoriums mit 11 700 000 Einwohnern. Es kam zu brutalen Aktionen gegen die Oberschicht und Intelligenz, zur Ermordung von in Gefangenschaft geratenen Offizieren sowie Polizisten und zu gewaltigen Bevölkerungsverschiebungen. Stalins Absicherungsstrategie umfasste darüber hinaus den Abschluss von Beistandspakten mit den baltischen Staaten, die zugleich Stützpunkte an die Sowjetunion abzutreten hatten.

Als Helsinki ein ähnliches Verlangen zurückwies, täuschte Moskau einen Grenzzwischenfall vor und griff am 30. November an. 1 200 000 Rotarmisten, die über 3000 Panzer verfügten, taten sich erstaunlich schwer im Kampf mit 200 000 Verteidigern. Nichtsdestoweniger musste das Land am 13. März 1940 einen Diktatfrieden akzeptieren, der ihm zehn Prozent des Staatsgebiets nahm und 400 000 Finnen zu Flüchtlingen machte.

Die Alliierten erwogen damals ein Engagement in Finnland, um das Reich vom schwedischen Erz abzuschneiden. Das hätte zwar Krieg mit Moskau bedeutet, aber es wäre dann möglich gewesen, die kaukasischen Erdölfelder zu bombardieren und gemeinsam mit der sowjetischen die deutsche Ölversorgung zu treffen. Doch das Projekt scheiterte schon in der Planungsphase, ein Fehlschlag, der Ministerpräsident Daladier das Amt kostete. Am 21. März 1940 folgte ihm Paul Reynaud nach.

Zusammen mit dem Westfeldzug bereiteten die Deutschen ab Ende 1939 die Invasion in Dänemark und Norwegen vor (»Fall Weserübung«), wobei Hitlers Weisung Nr. 10a (1.3.40) drei strategische Zielsetzungen nannte: Gewährleistung der Erzzufuhr aus Schweden, Erweiterung der Ausgangsstellung für die Kriegführung gegen Großbritannien und Kontrolle der Ostseezugänge. Langfristig sollten Norwegen und Dänemark ins deutsche Kontinentalimperium eingegliedert werden. Goebbels vertraute seinem Tagebuch am 9. April 1940 an, dass der «Führer» die «beiden Länder» nie wieder herausgeben würde.

Am selben Tag begann die Wehrmacht ihre gewagte triphibische Operation. Zügig besetzte sie Dänemark, doch die Kampfhandlungen in Norwegen dauerten zwei Monate. Hierbei vermochten sich im Süden gelandete britische Einheiten nicht zu halten, was zu Chamberlains Rücktritt (10.5.) und zur Bildung einer Allparteienregierung unter W.S. Churchill führte. Dagegen gelang es der britisch-französisch-norwegisch-polnischen Allianz im Norden, am 28. Mai Narvik zurückzuerobern. Einzig wegen der Entwicklung in Frankreich mussten die Operationen zur Befreiung des Landes am 8. Juni abgebrochen werden. Zwei Tage später kapitulierten Norwegens Streitkräfte, König Haakon VII. begab sich samt Regierung ins Exil.

Die personellen und materiellen Verluste fielen auf beiden Seiten sehr hoch aus, insbesondere die Kriegsmarine war durch «Weserübung» im Mark getroffen. Angesichts der Einbußen fragt sich, ob das Unternehmen, trotz wirtschaftlicher Gewinne sowie der Positionsverbesserung im Zufuhrkrieg gegen Großbritannien und die Sowjetunion (ab 1941), nicht einen Pyrrhussieg bedeutete. Schließlich blieben im Norden bis zu 350000 Besatzungssoldaten gebunden, und eventuell hätte der Westfeldzug die Erzzufuhr ohnehin sichergestellt. Nicht von der Hand zu weisen ist jedenfalls, dass sein Ausgang den operativen Wert der norwegischen Stützpunkte verringerte, da die Wehrmacht Basen an der Kanal- und Atlantikküste gewann. Erst der Beginn der Ostfeldzugs wertete Norwegen für die Seekriegführung wieder auf.

3. Der Westfeldzug

Hitler fing seinen dritten Nebenkrieg an, als der zweite
noch fortdauerte. Aufgrund der Wetterverhältnisse, der
Vorbehalte seiner Militärs und anderer Faktoren sah er
sich gezwungen, den Termin für den bereits 1939 beabsichtigten Angriff 29mal zu verschieben. Auf die Planung
und die Vorbereitung des Westfeldzugs wirkte sich das
positiv aus. Allerdings nahm die wachsende Solidität der
operativen Konzeption der 1939/40 in erster Linie mili-
tärfachlich motivierten innerdeutschen Opposition den
Wind aus den Segeln.

Als der «Sitzkrieg» im Westen am 10. Mai in den
Bewegungskrieg überging, verfuhr die Wehrmacht nach
einem brillanten, aber risikoreichen operativen Plan.
Am Ende verdankten die Generäle ihren Sieg nicht zuletzt dem Umstand, dass dem Gegner genau die Fehler unterliefen, die er machen musste, damit der Zwei-
Phasen-Feldzug des Generalstabs – «Fall Gelb» sowie
«Fall Rot» – zum erfolggekrönten Unterfangen werden
konnte.

Das militärische Konzept für Fall «Gelb»: Vernichtung
der in Nordfrankreich, Belgien und Holland dislozierten
alliierten Truppen durch zwei raumgreifende, die Neutralität der Beneluxstaaten missachtende operative Be-
wegungen, die sich zu einer gewaltigen Kesselschlacht
entwickeln sollten. Das hieß Durchbruch im Frontabschnitt Aachen-Nordsee sowie weiträumige Umfassung des Gegners in Form eines Vorstoßes via Ardennen,
über die Maas und entlang der Somme an die Kanalküste.

Luxembourg fiel am 10. Mai. Die Streitkräfte der Niederlande kapitulierten am 15. des Monats. Fünf Tage da-

nach erreichten deutsche Panzer den Kanal. Sie näherten sich Dünkirchen, als Generaloberst Gerd v. Rundstedt, der Oberbefehlshaber der Heeresgruppe A, den Vormarsch der Panzergruppen, um die Angriffsverbände zu ordnen, mit einem Aufschließ-Befehl anhielt. Hitler bestätigte die Maßnahme am 24. Mai durch seinen Halt-Befehl, doch die Entscheidung über das erneute Antreten überließ er Rundstedt. Und der wartete allzu lang. Als die Panzer am 27. Mai wieder marschierten, glich Dünkirchen einer Festung, die Rückführung der Truppen funktionierte.

Viele Briten zweifelten Ende Mai an der Rettung des Expeditionskorps, nie zuvor befand sich Großbritannien in einer ähnlich prekären Lage. Trotzdem sprachen sich der Premierminister sowie die Mehrheit des Kabinetts am 28. Mai, als Belgien kapitulierte, nach fünftägigen, sehr schwierigen Sitzungen für die rücksichtslose Fortsetzung des Kampfes aus. Eine Entscheidung, die es rechtfertigt, den Sommer 1940 als Wendepunkt des zweiten «Großen Kriegs» zu bezeichnen.

In Dünkirchen gelang es den Alliierten, die 64 000 Fahrzeuge und 2500 Geschütze zurückließen, bis zum 4. Juni 216 000 britische sowie rund 123 000 französische Soldaten zu evakuieren. Ein äußerst wichtiger Erfolg, den man nicht Hitler, sondern Rundstedt verdankte. Die massiert eingesetzte Luftwaffe vermochte seinen Fehler nicht wettzumachen.

Am 5. Juni trat Fall «Rot» ein. Ziel: Umzingelung der von Sedan längs der Maginotlinie bis zur Schweizer Grenze aufgestellten Teile des französischen Heeres. Zugleich stießen Truppen an die Küsten vor. Und doch glückte es, 192 000 britische, französische, polnische, tschechische und belgische Soldaten sowie 50 000 Zivilisten über See abzutransportieren.

Gemäß dem Kriegstagebuch des Führerhauptquartiers flog Hitler am 23. Juni 1940 um 03.30 Uhr von seinem Hauptquartier «Wolfsschlucht» (beim kleinen belgischen Dorf Bruly de Pêche) nach Paris, wo er mit seiner Entourage eine kulturell interessierte Stadtrundfahrt unternahm (Rückkehr ins Führerhauptquartier um 10.00 Uhr). Im Bild geht auf Hitlers linker Seite der Bildhauer Arno Breker, auf der rechten Seite der Architekt und Generalbau-inspekteur für Berlin Albert Speer. Neben letzterem ist der Architekt und Generalbauinspekteur für Linz, Hermann Giesler, zu sehen.

Um sich die Mitsprache bei den erwarteten Friedensverhandlungen zu sichern, trat das bis dahin «nichtkrieg-
führende» Italien am 10. Juni in den Krieg ein. Sein Heer,
73 Divisionen, umfasste 1 688 000 Mann. Die Luftwaffe
zählte 84 000 Soldaten und 2 350 Frontflugzeuge (1 500
moderne). Eindrucksvoll präsentierte sich die Marine,
159 000 Angehörige, 4 Schlachtschiffe, 7 Schwere sowie
12 Leichte Kreuzer, 125 Zerstörer und Torpedoboote sowie 113 U-Boote.

Frankreichs Soldaten leisteten in der zweiten Phase des
Westfeldzugs vergeblich zähen Widerstand. Angesichts
der militärischen Entwicklung drängte die Mehrheit des
Kabinetts, das nach dem Fall von Paris am 14. Juni in
Bordeaux residierte, auf das Einstellen der Kampfhandlungen. Ministerpräsident Reynaud erklärte daher am 16.
des Monats seinen Rücktritt.

Der Nachfolger, Marschall Henry Philippe Pétain,
schloss am 22. Juni mit den Deutschen, die Nordfrankreich mitsamt der Küste bis zur spanischen Grenze okkupierten, und zwei Tage später mit den Italienern, die einen schmalen Grenzstreifen in den französischen Alpen
besetzten, Waffenstillstand. Im davor liegenden – bis an
die Rhone reichenden – Gebiet gab es eine entmilitarisierte und eine italienisch kontrollierte Zone. Das französische Kolonialreich, welches mit der 127 000 Mann zählenden *Armée d'Afrique* sowie den 45 000 in Syrien und
bis zu 100 000 in Indochina stationierten Soldaten dem
Marschall unterstellt blieb, schied aus dem Krieg aus.
Deutschland annektierte im August (de facto) das Elsass,
Lothringen und Luxemburg.

Pétains Regime, das Sitz in Vichy nahm, herrschte in
den unbesetzten Landesteilen. Hitler gestand ihm ein un-
zulänglich bewaffnetes und nicht motorisiertes Freiwilli-
genheer (90 000 Soldaten), eine kleine Luftwaffe (10 000

Mann sowie 200 veraltete Maschinen) und die einge-
schränkte Verfügung über die praktisch eingemottete
Flotte zu. Den Abschluss eines Friedensvertrags, der ihn
gezwungen hätte, seine wahren Absichten offenzulegen,
lehnte er ab.

Mit Pétain konkurrierte General Charles de Gaulle.
Die Tatsache, dass die Briten sein «Nationalkomitee des
Freien Frankreich» am 28. Juni anerkannten, hinderte sie
nicht daran, im Juli 1940 französische Kriegsschiffe in
Mers-el-Kebir (Oran) und Dakar anzugreifen. London
befürchtete den Zugriff der Deutschen auf jene Einheiten
und nahm deshalb bei der Aktion den Tod französischer
Marineangehöriger in Kauf: im Ganzen 1300 Mann.
Alles in allem blieb de Gaulle, unbeschadet des Einsatzes
schwacher freifranzösischer Kräfte im Juni/Juli 1941 gegen Vichytreue Truppen in Syrien und im Libanon, bis
zur Landung in Nordafrika im November 1942 militärisch so gut wie bedeutungslos.

Rein operativ betrachtet stellte der Westfeldzug einen
deutschen Triumph dar. Die Popularität des «Führers» erreichte ihren Zenit. Freilich, von dem am 10. Mai an der
Westfront versammelten militärischen Potential ausgehend, hätte der Waffengang bei etwas weniger Fortune
von Hitlers Generälen auch anders verlaufen können.
Standen doch 94 (mit Reserven und einer polnischen
Division 104) französischen, 13 britischen, 22 belgischen
und 8 holländischen Divisionen lediglich 118 der Wehrmacht gegenüber. Ferner boten die Westmächte 14034,
die Deutschen hingegen nur 7378 Geschütze auf, sogar
an Panzern zeigten sie sich überlegen: 3383 zu 2445. Und
die Ergebnisse der Luftkämpfe sprachen ebenfalls nicht
für deutsche Superiorität. Vieles deutet jedenfalls darauf
hin, dass die Alliierten nicht wegen des Materials unterla-
gen, sondern weil ihre militärische Führung überholten

operativen Grundsätzen anhing, die Zusammenarbeit von Heer und Luftwaffe im Gefecht nicht beherrschte und ihre Panzer, statt sie massiert einzusetzen, in Bataillonsstärke auf die Infanteriedivisionen verteilte. Unglaublich, dass drei in Reserve gehaltene schwere Panzerdivisionen nie geschlossen an die Front gelangten.

IV   Weichenstellungen für Hitlers Hauptkrieg

Der Sieg im Westen erhob Deutschland zum kontinental-
europäischen Hegemonialstaat außerhalb des sowjetischen Einflussbereichs. Hitler hoffte, dass das Vereinigte
Königreich die Situation anerkennen und ihm Rückenfreiheit für seinen Hauptkrieg gewähren würde. Doch die
Regierung Churchill, die sich sieben Wochen vorher be-
dingungslos für die Verteidigung der Freiheit entschieden
hatte, wies Hitlers «Appell an die Vernunft» vom 19. Juli
zurück. Großbritannien dachte nicht daran, sich der Un-
gnade des «Führers» auszuliefern. Es war der Tag, an
dem der amerikanische Präsident Franklin D. Roosevelt
die «despotischen Mächte» in einer Rundfunkansprache
mit bis dahin unbekannter Schärfe verurteilte.

Militärisch konzentrierte sich London auf Invasions-
abwehr, Luft- und Seekriegführung, vor allem aber auf
die kriegsentscheidende Schlacht im Atlantik, die, so wie
die Dinge lagen, nach dem Kriegseintritt der Vereinigten
Staaten von Amerika im Dezember 1941 endgültig nur
die Alliierten gewinnen konnten – wenn auch mit
schwersten Opfern. Außenpolitisch besaß das Sicherstel-
len der lebensnotwendigen Unterstützung durch Washington Vorrang, und diesbezüglich tauchte im vierten Quartal 1940 ein Problem auf: Großbritannien, das die in den
USA gekauften Waren und Güter größtenteils bar bezah-
len musste, drohte Zahlungsunfähigkeit. Churchill sandte
daher Roosevelt – nach dessen Wiederwahl am 5. November 1940 – eine ungeschminkte Lagebeschreibung.

Diese brachte Gespräche in Gang, die zum Leih-Pacht-Gesetz führten, das am 11. März 1941 in Kraft trat. Es ermächtigte den Präsidenten, Ländern, deren Verteidigung ihm für die nationale Sicherheit wichtig erschien, praktisch unentgeltlich Kriegsmaterial und Versorgungsgüter zur Verfügung zu stellen. Bis 1945 bekamen 38 Regierungen Hilfeleistungen, die sich – auf die Kaufkraft im Jahr 1995 bezogen – auf 42 bis 50 Billionen US-Dollar beliefen. London vermochte nun umfangreiche Bestellungen aller Art aufzugeben, ohne sofort über die Bezahlung nachdenken zu müssen. Allerdings drängte Washington auf handelspolitische Zugeständnisse, etwa die uneingeschränkte Öffnung der Märkte. Hinzu kamen ein Technologietransfer und Rohstofflieferungen aus britischen und französischen Kolonien in die Vereinigten Staaten im Wert von circa acht Billionen US-Dollar.

1. Deutschlands Wendung nach Osten

Churchills diplomatischer Erfolg erlangte für den Kriegsverlauf unschätzbare Bedeutung. Gleichwohl gilt, dass die deutsche Strategie, die von isolierten Feldzügen ausging, schon im Juni 1940 scheiterte, als die Briten, trotz ihrer schweren Niederlage auf dem Kontinent, ganz allein weiterkämpften.

Um aus dem entstandenen Dilemma herauszukommen, beschloss Hitler am 31. Juli 1940, die Sowjetunion programmgemäß, wenn auch vorzeitig, im Frühjahr 1941 anzugreifen. Er wollte also nötigenfalls sogar einen Zweifrontenkrieg in Kauf nehmen. Ohne sich zeitlich festzulegen, hatte der Diktator im Juni 1940 erstmals die Rede auf den Ostkrieg gebracht, obwohl er damals noch ein deutsch-britisches Übereinkommen erwartete. Und der mit dem NS-Lebensraumprogramm bestens vertraute General der Artillerie, Franz Halder, Generalstabschef des Heeres, ließ seit dem 19. Juni unaufgefordert die Planstudie «Otto» erstellen. Diese untersuchte zwar einen Angriff mit begrenztem Ziel, aber dennoch konnte der Oberbefehlshaber des Heeres, Generalfeldmarschall v. Brauchitsch, als ihn der «Führer» am 21. Juli mit Planungen für die Lösung des «russischen Problems» beauftragte, auf Halders Vorarbeiten zurückgreifen. Auf der Grundlage von «Plan Otto» fußte die operative Planung des Ostkriegs – «Fall Barbarossa». Der Diktator unterschrieb die entsprechende Weisung am 18. Dezember 1940. Das bedeutet, dass seit dem 31. Juli der nicht mehr angehaltene *Countdown* für seinen Hauptkrieg lief.

Hier ist anzumerken, dass die Schweiz sowie Liechtenstein von Hitlers Entschluss profitiert haben dürften. Denn der Generalstab des Heeres prüfte ab dem 25. Juni auch die Erfordernisse einer überfallartigen Besetzung der beiden Länder. Obwohl die Deutschen das Vorhaben wegen der veränderten strategischen Lage am 11. November 1940 auf unbestimmte Zeit zurückstellten, blieb die Inbesitznahme Liechtensteins und der Schweiz bis zum Herbst 1944 eine ernsthafte Eventualität. Als ähnlich gefährdet galt Schweden. Selbst Portugal, Spanien sowie die Türkei erschienen zeitweise bedroht.

Die genannten neutralen oder nichtkriegführenden Mächte, die im Übrigen nicht nur den deutschen Markt bedienten, hatten Druck aus Berlin in der Regel nachzugeben. Wahr ist aber ebenfalls, dass ihnen das nicht besonders schwer fiel, brachte doch der Export ins Reich enorme Gewinne.

Im Hinblick auf die Ende Juli getroffene Entscheidung beweisen die «Monologe im Führerhauptquartier» und andere Quellen, dass diese ideologisch, imperialistisch sowie situativ motiviert war. 1940 begründete Hitler den Entschluss, die Sowjetunion anzugreifen, mit der Annahme, dass Churchill nur deshalb nicht klein beigebe, weil er das Eingreifen Roosevelts und Stalins erwarte. Jene Hoffnung werde *Downing Street* nach dem Sieg im Osten begraben müssen, da der mit der sowjetischen Niederlage einhergehende Machtzuwachs der Japaner die Amerikaner vom militärischen Engagement in Europa abhalten würde. Am 4. Februar 1945 diktierte der «Führer» Bormann ins Protokoll, sein «unerschütterlicher Wille, das Weltjudentum und seine Macht in ihren Wurzeln auszurotten», also Hitlers ideologisches Hauptmotiv, sei dafür ausschlaggebend gewesen, dass Churchill ein Übereinkommen mit ihm ablehnte. Und im September 1941 monologisierte er über imperialistische Aspekte seiner Strategie: Der «Ostraum» sei Deutschlands «Indien». Dort lockten Bodenschätze, Nahrungsmittel und die «geborene Sklaven-Masse» der «Slawen», sein Besitz verschaffe Autarkie, mache Europa zum «blockadefestesten Raum», entscheide den «Kampf um die Hegemonie in der Welt».

All das entsprach Hitlers Programm und Vernichtungsbesessenheit gegenüber den Juden, was er am 25. Oktober 1941 in seinem Hauptquartier einmal mehr bekundete. In der Sowjetunion könne man jene «Verbrecherrasse» in den «Morast schicken», also «ausrotten» – wie er es am 30. Januar 1939 im Reichstag «prophezeite» und später wiederholt verkündete.

Zudem bot der Osten ab Juni 1941 eine Alternative zum Madagaskar-Projekt, das im Sommer 1940, als England den Krieg fortsetzte, undurchführbar geworden war. Geplant hatten SS und Auswärtiges Amt ein polizeistaatlich organisiertes gigantisches Ghetto, ein Megakonzentrationslager für rund vier Millionen nach Madagaskar zu deportierende und dort streng zu isolierende Juden. Das Regime hätte sie mittelfristig beliebig als Faustpfand gegenüber den Vereinigten Staaten zu benutzen vermocht. Ihre auf lange Sicht wohl bezweckte, in den Planungsunterlagen jedoch nicht ausformulierte Vernichtung durch Arbeit, Klima und Hunger unterschied sich methodisch, nicht aber im Hinblick auf die mörderische Absicht von dem, was seit September 1939 in Europa geschah und ab Juni 1941 eine grauenvolle Ausweitung erfuhr.

2. Großbritannien in der deutschen Strategie

Die Reichsführung, die den Zweifrontenkrieg vermeiden wollte, beabsichtigte, London vor Beginn des Ostkriegs doch noch zum Nachgeben zu bewegen. Um entsprechenden Druck auszuüben, boten sich an: Zufuhrkrieg sowie Belagerung Großbritanniens durch See- und Luftstreitkräfte, Bombardieren von Rüstungsbetrieben und Ballungsgebieten, Invasion in Südengland, Wegnahme Gibraltars sowie Beteiligung an einer italienischen Offensive gegen Ägypten. Erörtert wurde ferner ein antibritischer Kontinentalblock, der sich maximal – Moskau eingeschlossen – von Madrid bis Tokyo erstrecken sollte.

Die seit Mitte Juli vorbereitete «Landungsoperation gegen England», Unternehmen «Seelöwe», hätte die Wehrmacht überfordert. Hitler akzeptierte das Ende des Monats, die Operation entfiel also nicht erst, als im September der Verlust der Luftschlacht über der Insel feststand.

Eine Beteiligung deutscher Truppen an den Kämpfen in Nordafrika oder an Operationen gegen Gibraltar

scheiterte 1940 an der ablehnenden Haltung Roms und
Madrids.

Der mit Überwassereinheiten, U-Booten sowie Flugzeugen geführte Zufuhrkrieg erwies sich für die Briten als
besonders gefährlich. Doch am Ende vermochte auch er
das Vereinigte Königreich, das 1939 über eine gewaltige
Handelsflotte mit knapp 18 Millionen Bruttoregisterton-
nen verfügte, nicht in die Knie zu zwingen, obgleich die
Verluste an britischem (ab Dezember 1941 alliiertem)
Handelsschiffsraum die Neubauten bis Juli 1942 übertrafen.

Um eine bessere Geleitsicherung zu erreichen, bekam
London am 4. September 1940 für Stützpunkte in der
Karibik 50 alte US-Zerstörer. Im Ganzen siegten Briten
und Amerikaner, die auf Konvoischutz und Seeblockade
setzten, in der Atlantikschlacht vor allem aufgrund der
Perfektionierung technischer Entwicklungen wie Radar
und Sonar, der Luftherrschaft, ihrer leistungsstarken
Werftindustrie sowie der sehr wirksamen Entschlüsselung
gegnerischer Funksprüche.

Großbritannien gelang es im Mai 1940, in den Funk-
verkehr der Luftwaffe und ein Jahr später in den der
Kriegsmarine einzubrechen. London verfügte daraufhin
in aller Regel rechtzeitig über wertvollste Informationen
hinsichtlich der deutschen Land-, Luft- und Seekriegführung, die es gestatteten, das im Krieg operativ oft
entscheidende Überraschungsmoment zu nutzen. Die Mit-
arbeiter des dafür zuständigen (ULTRA genannten) be-
sonderen Nachrichtendienstes, in dem die Briten militärische Funksprüche der Deutschen sowie Italiener, die
Amerikaner (nach dem Kriegseintritt) die der Japaner de-
chiffrierten, beeinflussten durch ihre Arbeit, gemeinsam
mit MAGIC (so lautete der Deckname für die ab September 1940 mögliche Entschlüsselung japanischer diploma-

Die Schlacht im Atlantik meint den zwischen Über- und Unterwassereinheiten sowie Flugzeugen ausgetragenen Kampf um die Seeverbindungen. Deutscherseits spielten in diesem nahezu sechsjährigen Ringen die U-Boote, von welchen die Kriegsmarine bis zum Mai 1945 insgesamt 1121 in Dienst stellte, die Hauptrolle. Das Bild zeigt ein ablaufendes U-Boot, das soeben ein bewaffnetes Handelsschiff mittschiffs torpediert hat.

tischer Nachrichten) den Verlauf des Kriegs: ULTRA und
MAGIC erleichterten den alliierten Sieg, kriegsentscheidend wirkten sie sich aber per se ebenso wenig aus wie
irgendein anderes Einzelelement.

3. Dreimächtepakt und Kontinentalblock

Für Hitlers Diplomatie reichte es nach dem Westfeldzug
nur zum schon 1939 diskutierten Dreimächtepakt. Mit
seinem Abschluss bestätigten sich Berlin, Rom sowie
Tokyo am 27. September gegenseitig die Anerkennung
der in Europa und Ostasien zu schaffenden «Neuen
Ordnung». Ungarn, Rumänien, die Slowakei, Bulgarien
sowie Jugoslawien traten dem Abkommen zwischen dem
20. November 1940 und dem 25. März 1941 bei.

Der Dreimächtepakt sollte bereits begangene sowie geplante Aggressionen absichern. Deshalb drohten die Achsenmächte den Vereinigten Staaten im Artikel III des Ver-
trags unausgesprochen mit dem Zwei-Ozeane-Krieg. Sie
wollten Roosevelt so vom kriegerischen Einschreiten in
Europa und Asien abschrecken. Propagandistisch geriet
die Sache zum Ereignis, nur hatten die Vertragspartner
die militärische Bündnisverpflichtung nicht so eindeutig
geregelt wie sie vorgaben, behielt sich doch Tokyo auch
im Bündnisfall vor, autonom zu entscheiden, ob es Washington den Krieg erklären werde oder nicht.

Bei den Verhandlungen bekundete Japan Interesse an
den Gebieten östlich von Burma bis Niederländisch-
Indien und nördlich von Neukaledonien. Langfristig
visierte die japanische Führung, die China, die Mandschurei sowie ihr Mutterland als Rückgrat des künftigen
Lebensraums ansah, einen noch wesentlich größeren
Herrschaftsbereich an. Er hätte Indien, Burma, Thailand,

Französisch-Indochina, Frankreichs pazifische Inseln, Britisch-Malaya, Britisch-Nord-Borneo, Niederländisch-Indien, die Philippinen, unter Mandatsverwaltung stehende ehemals zum deutschen Kolonialbesitz zählende Inseln, Australien und Neuseeland umfasst.

Aus verhandlungstaktischen Gründen sowie rein theoretisch akzeptierten die Japaner, dass Indien, für den Fall der Realisierung von Viermächtepakt oder großem Kontinentalblock, dem sowjetischen Interessenbereich zugesprochen werden würde. Allerdings trat bei Gesprächen, die Hitler vom 22. bis zum 24. Oktober 1940 mit dem Vizepräsidenten des französischen Ministerrats, Pierre Laval, mit Spaniens Staatschef Francisco Franco y Bahamonde und mit Marschall Pétain führte, zutage, dass sich ein solches Vorhaben nicht verwirklichen ließ. Bereits der zwischen Franzosen, Italienern sowie Spaniern herzustellende Interessenausgleich, bei dem es vor allem um Französisch-Nordafrika ging, hätte die Quadratur des Kreises verlangt, von Hitlers geheim gehaltener «Neuen Ordnung» und den sowjetischen Zielsetzungen ganz zu schweigen.

Erwogen wurde die Teilung der Welt in von Berlin, Moskau, Rom, Tokyo und Washington beherrschte Großräume. Bei Licht besehen zeigt sich freilich, dass ein Kontinentalblock, der die Sowjetunion einbezog, für Hitler höchstens als machtpolitische Übergangslösung in Frage gekommen wäre. Er hätte so auf das amerikanisch-britische Zusammenrücken und die Tatsache reagieren können, dass der See- und der Luftkrieg gegen das Inselreich nicht die gewünschte Wirkung erzielten.

Italiens Angriff auf Griechenland, der die militärische Schwäche des Achsenpartners aufdeckte, mag dazu beigetragen haben, dass sich der «Führer» Ende Oktober vom ungeliebten Kontinentalblock verabschiedete. Seine wahre Einstellung zu dem Projekt erhellt ansonsten aus der

Tatsache, dass die diesbezüglich angestellten Überlegungen zu keinem Zeitpunkt zu einer Unterbrechung oder veränderten Dringlichkeit der im Generalstab des Heeres und im Oberkommando der Wehrmacht vorangetriebenen Planungen für den Ostfeldzug führten.

Noch ehe Molotov am 12. und 13. November die Reichshauptstadt besuchte, in der ihn nicht nur das winterliche Wetter kühl empfing, beseelte wieder die aggressive Ostpolitik die deutsche Strategie. Folglich fanden Unterredungen statt, von denen sich Hitler nichts mehr versprach. Er hatte sich längst entschieden. Die Resultate des Treffens schienen seine Sicht der Dinge zu bestätigen. Berlin kam es jetzt einzig darauf an, dass die für die materielle Vorbereitung der Aggression benötigten sowjetischen Lieferungen pünktlich eintrafen.

Deshalb ist es nicht nötig, erneut die deutsch-sowjetischen diplomatischen Kontakte, die politischen Misshelligkeiten und Interessenkollisionen in Bezug auf Finnland, Estland, Lettland, Litauen, Polen, Ungarn, Rumänien, Bulgarien, Jugoslawien, die Ostseeausgänge und die türkischen Meerengen zu referieren. Es genügt festzustellen, dass Moskaus Forderungen und Vorstellungen, die zuweilen über die getroffenen Vereinbarungen erheblich hinausgingen, verhandelbar blieben.

Hitler und seinen Paladinen, die sich seit dem Sommer 1940 anschickten, die nord- sowie südeuropäische Flanke für «Barbarossa» abzusichern, war das egal. Nach der Unterzeichnung des Dreimächtepakts, der die Sowjetunion umklammerte und Japan offenbar in die deutsche Strategie einband, beurteilten sie ihre Lage als deutlich verbessert. Der Blitzkrieg im Osten erschien realisierbar. Zugleich sollte die programmatisch vorgegebene Vernichtung der Sowjetunion zum globalstrategischen Befreiungsschlag werden. Dementsprechend entstanden anscheinend schon im Spätherbst 1940, aber ganz konkret Mitte Februar 1941 Studien zur Weiterführung des Kriegs nach dem Sieg über Stalin. Sie betrafen Afghanistan, Indien, Iran, die Türkei, Syrien, Irak, Ägypten, Nordafrika, Gibraltar, Malta und die atlantischen Inseln. Es ging um die Fortsetzung des Westkriegs in weltweiter Dimension.

4. Japans Annäherung an den Krieg

Als Japan dem Dreimächtepakt beitrat, gab es die seit August 1939 gegenüber Deutschland gewahrte Zurückhaltung auf. Der Sieg im Westen, der die französischen und niederländischen Kolonien in Südostasien verfügbar sowie die dortige britische Position angreifbar machte, weckte Begehrlichkeiten. Doch bereits vorher hatte sich Tokyo auf die neue Lage eingestellt. Im Mai 1940 untersuchte ein Kriegsspiel den Konflikt mit den Vereinigten Staaten, Großbritannien und Holland, die Invasion in Britisch-Malaya sowie Niederländisch-Indien, wo begehrtes Öl gefördert wurde. Zudem entstanden erste Pläne für einen Angriff auf Pearl Harbor. Und kurz nach dem Rückzug der Briten vom europäischen Festland nutzte Japan deren schwierige Lage, um den via Burma und Französisch-Indochina nach China beförderten Nachschub zu stoppen. London musste ab Mitte Juli 1940 die Burmastraße für drei Monate sperren.

In der Absicht, das vordringlichste Ziel der japanischen Außenpolitik – die erfolgreiche Beendigung des Kriegs in China – durchzusetzen und die Südexpansion auf den richtigen Weg zu bringen, beschloss eine Verbindungskonferenz von Politikern und Militärs gegen Ende Juli: Verstärkung der Zusammenarbeit mit Berlin und Rom; Verbesserung des Verhältnisses zu Moskau; Gestaltung

der Beziehungen zu Großbritannien sowie Frankreich in
Abhängigkeit von der Entwicklung in China; und Vor-
kehrungen für den Fall des Kriegseintritts der Vereinigten
Staaten. Am deutlichsten manifestierte sich die im Fernen
Osten gegebene Gefahr der Kriegsausweitung in dem
Umstand, dass Japans Führung die Inbesitznahme der
südostasiatischen Rohstoffgebiete als unabdingbar für
den Sieg über Chiang Kaishek einstufte, den Roosevelt,
Churchill und Stalin unterstützten. Jene Verknüpfung bedeutete, obwohl es keine Zwangsläufigkeit gab und nicht
alle verantwortlichen Akteure die Ausweitung des Konflikts befürworteten, den Marsch – mit dem Etappenziel
Dreimächtepakt – in den Zweiten Weltkrieg.

Präsident Roosevelt hoffte, was bei seinen entschlossenen, aber genau berechneten wirtschaftlichen sowie militärischen Reaktionen zu berücksichtigen ist, bis zuletzt,
ein bewaffnetes Eingreifen seines Landes in den Krieg
vermeiden zu können. Wenn er im Juli 1940 den Export
von Flugbenzin, Schmierölen, Stahlschrott und Schmelz-
eisen nach Japan einschränkte, dann war dies nichts
anderes als eine weitere Warnung. Trotzdem nötigte
Tokyo Vichy im Abkommen von Hanoi (22.9.40), ihm
Stützpunkte im nördlichen Indochina einzuräumen, das
Durchmarschrecht für Truppen zu gewähren, die gegen
die südchinesische Provinz Yünnan operierten, und die
wirtschaftliche Nutzung des Landes zu erlauben. Roosevelt antwortete am 26. September mit einem Embargo,
das Japan ein Drittel seiner Eisen- und Stahlschrottim-
porte kostete. Tags zuvor erhielt Chiang Kaishek einen
Kredit von 25 Millionen Dollar, dem Ende November ein
zweiter in vierfacher Höhe folgte.

In Bezug auf die Südexpansion musste Japans Diplomatie, trotz des Waffenstillstandsabkommens vom September 1939, auch das Verhältnis zu Moskau klären. Der

Kreml zeigte sich nicht besonders zugänglich, und Ende 1940 galten die Verhandlungen als festgefahren. Die überraschende Wende brachte der Balkanfeldzug. Seit dem 6. April 1941 überrannten deutsche Truppen Jugoslawien und Griechenland, was Stalin tief beeindruckte und von der Überlegenheit der Wehrmacht gegenüber den eigenen Streitkräften überzeugte. Er wollte daher, um Zeit zu gewinnen, Hitler durch Umarmung besänftigen. Stalin tat das, obwohl er von den deutschen Absichten und dem im Spätsommer 1940 begonnenen Ostaufmarsch des Heeres wusste. Letzterer wurde zunächst als politischer Erpressungsversuch fehlgedeutet. Wie auch immer, im Kontext der Entwicklung auf dem Balkan kam es zum sowjetisch-japanischen Neutralitätspakt (13.4.41), der Tokyo Rückenfreiheit bei seiner Südexpansion garantierte und selbst für den Fall, dass die Sowjetunion die Seite wechselte, Vorteile brachte. Diese wiederum bekam eine sichere Ostgrenze, was Stalins Handlungsspielraum erweiterte. Und ganz unmittelbar sollte der Pakt Hitler signalisieren, dass der Kreml dazu neigte, die von Ribbentrop im November 1940 gegenüber Molotov entworfene außenpolitische Grundlinie zu beziehen: Beitritt zum Dreimächtepakt eingeschlossen. Doch all das gründete auf mindestens zwei Fehleinschätzungen.

Zum einen schloss Stalin aus Geheimdienstmeldungen auf einen Gegensatz innerhalb der Reichsführung. Er vermutete, dass kriegslüsterne Militärs beabsichtigten, Hitler und Ribbentrop, an sich für Verhandlungen aufgeschlossen, in einen bewaffneten Konflikt mit der Sowjetunion zu treiben. Das war ein von ihm nie eingestandener Irrtum, der sein bis zuletzt realitätsblindes Verhalten teilweise erklären dürfte. Zum anderen nahm er an, dass Hitler seine Ziele nicht zu erreichen vermochte, sofern sich Deutschland und Großbritannien in einem Abnutzungskrieg erschöpften. Stalin hielt damit an seinem Kalkül aus dem Jahr 1939 fest. Die Gefährdung durch das Dritte Reich erledigte sich aus solcher Sicht von selbst. Deshalb setzte er unbeirrt auf den Faktor Zeit und beharrte bis zum Tag des deutschen Überfalls auf seiner Besänftigungspolitik. Hitler durfte in keiner Weise herausgefordert werden. Praktisch taten die Sowjets alles, um die Deutschen zufrieden zu stellen. Auch die Warenlieferungen erfolgten mittlerweile pünktlichst, obgleich die deutschen Gegenleistungen seit Herbst 1940 – eine Folge der Vorbereitung auf den Ostfeldzug – hinter dem vereinbarten Volumen zurückblieben.

Was jedoch den japanisch-sowjetischen Neutralitätspakt betrifft, so zeigte sein Zustandekommen unter anderem, dass es zwischen Deutschland und Japan keine abgestimmte und ehrliche Bündnispolitik gab. In seiner Weisung Nr. 24 vom 5. März 1941 über die «Zusammenarbeit mit Japan» verfügte Hitler ausdrücklich, dass den «Japanern gegenüber keinerlei Andeutung» über das «Barbarossa-Unternehmen» gemacht werden dürfe. Tatsächlich schloss Tokyo den Vertrag vom 13. April in Unkenntnis der deutschen Angriffsabsichten. Berlin wiederum überraschte der japanische Schritt, da sich Tokyos Außenminister Yosuke Matsuoka, der am 27. März und 4. April 1941 Gespräche in der Reichshauptstadt führte, darüber ausgeschwiegen hatte.

Ansonsten aber fügte sich der Pakt durchaus in Hitlers Strategie ein, sah doch die deutsche Planung vor, dass die Japaner baldmöglichst in Ostasien in Richtung Süden vorgingen, mit dem in der Weisung Nr. 24 genannten Ziel: «England rasch niederzuzwingen und USA dadurch aus dem Kriege herauszuhalten». Was die Deutschen nicht wussten, die Japaner unterstellten, dass die Vereinigten Staaten und Großbritannien nicht zu trennen seien. Hingegen besaß die Reichsführung Kenntnis von sie beunruhigenden inoffiziellen und offiziellen amerikanisch-japanischen Geheimverhandlungen. Diese konnten, falls der Interessenausgleich gelang, das uneingeschränkte Engagement der Vereinigten Staaten im atlantischen Raum zur Folge haben.

Das amtliche Washington bewertete den Neutralitätspakt zutreffend als Versuch, dem Kaiserreich Rückenfreiheit für die Südexpansion zu verschaffen. Vor dem Hintergrund seiner Abschreckungspolitik verlautbarte der Präsident deshalb, dass China Leih-Pacht-Hilfe erhalten werde. Das geschah ab Mai 1941. Parallel hierzu übergab Außenminister Cordell Hull Japans Botschafter Kichisaburo Nomura «vier Prinzipien», deren Akzeptanz die Grundlage für die Neugestaltung der beiderseitigen Beziehungen bilden sollte. Im Einzelnen forderte die amerikanische Regierung: Respekt gegenüber der Souveränität und territorialen Integrität aller Länder; die Nichteinmischung in die inneren Angelegenheiten einer Nation; die Anerkennung der Gleichheit der Staaten, besonders in Handelsfragen; und den Verzicht darauf, den Status quo im Pazifik mit anderen als friedlichen Mitteln zu verändern.

Die diplomatischen Aktivitäten und internen Lageanalysen der Japaner, die jenem Vorstoß folgten, wirkten unprofessionell, konfus, ja chaotisch. Sie verursachten Misstrauen und Missverständnisse. Begreiflicherweise ver-stärkten die Amerikaner, die durch MAGIC über Hintergrundinformationen verfügten, beständig ihren wirtschaftlichen Druck. Als ab Ende Mai die Lieferung von Eisen- und Chromerzen, Mangan, Kupfer sowie sonstigen Rohstoffen wegfiel, geriet Japans Aufrüstung in Gefahr. Weitere Engpässe taten sich auf, als Roosevelt vom 20. Juni an – wegen fehlenden Transportraums –

Ölimporte aus den Häfen der amerikanischen Ostküste verbot.

Am 21. Juni, einen Tag vor dem Angriff auf die Sowjetunion, den Hitler und Ribbentrop gegenüber dem japanischen Botschafter in Berlin, General Hiroshi Oshima, am 3. und 4. Juni im Verständnis eines Eventualfalls erwähnten, an dessen Eintreten die meisten Entscheidungsträger in Tokyo allerdings nicht glaubten, legte Washington Präzisierungen zu den «vier Prinzipien» vor. Da diese einer Übereinkunft dienten, die im Wesentlichen zu Lasten Nippons gegangen wäre, das sich am 16. Juni gerade für den Einmarsch in Französisch-Süd-Indochina entschieden hatte, reagierte die Regierung von Fürst Fumimaro Konoe ablehnend.

Nach Beginn der deutsch-sowjetischen Kampfhandlungen erörterten japanische Militärs und Politiker kurzzeitig die Frage, ob die Nordexpansion nicht doch dem Ausgreifen nach Süden vorzuziehen sei. Es blieb, primär aufgrund ökonomischer Überlegungen, bei dem seit 1939 beabsichtigten Vorgehen. Hierbei nahm Tokyo den Krieg gegen die Vereinigten Staaten zumindest billigend in Kauf. Seit dem 25. Juni stand fest, dass japanische Truppen in das südliche Französisch-Indochina einmarschieren würden, um sich günstige Ausgangspositionen für Land- und Luftangriffe gegen Singapur, Malaysia und Niederländisch-Indien zu verschaffen. Eine Kaiserliche Konferenz billigte die vorgesehene Aggression am 2. Juli 1941. Nunmehr galt es, die «Neue Ordnung» via Südexpansion selbst dann zu verwirklichen, wenn das definitiv den bewaffneten Konflikt mit Washington und London bedeutete. Japans Führung, die nicht ahnte, dass MAGIC einen Teil der im Beisein des Kaisers gefassten Konferenzbeschlüsse mitlas, bestätigte damit den seit langer Zeit abgesteckten Kriegskurs.

5. Zur britisch-amerikanischen Militärallianz

Während Deutschland und Japan – unabgestimmt – die Weichen für den «Großen Krieg» stellten, gestalteten sich die Beziehungen zwischen Washington und London stetig enger. Gleichzeitig unternahm es Präsident Roosevelt, sowohl die nationale militärische Stärke zu steigern, etwa durch Rüstungsprogramme wie den am 20. Juli 1940 genehmigten Bau der Zwei-Ozeane-Flotte und die Vorbereitungen für die allgemeine Wehrpflicht, als auch Großbritannien massiv zu unterstützen.

Im November 1940 sprach sich die amerikanische militärische Führung dafür aus, dass, sollte es zum Kriegseintritt der Vereinigten Staaten kommen, die beiderseitige Kriegführung sich auf Deutschland und Italien zu konzentrieren hätte, wohingegen ein Konflikt mit Japan möglichst zu vermeiden wäre. Schon damals empfahlen die Generäle dem Präsidenten, geheime Stabsbesprechungen mit den Briten einzuleiten. Sie fanden vom 29. Januar bis zum 27. März 1941 statt, legten die Grundsätze der eventuellen Koalitionskriegführung fest und bestimmten, dass der Schwerpunkt der gemeinsamen Strategie im atlantischen und europäischen Raum zu bilden sei, da Deutschland die führende «Achsenmacht» darstelle. Künftig blieb es beim strategischen Prinzip «Germany first». Falls Japan in den Krieg eintrat, wollten die Alliierten im Pazifik – bis zum Sieg über das Dritte Reich – die Defensive wahren. Die Vereinigten Staaten, die sich seit dem Leih-Pacht-Gesetz als das «Arsenal der Demokratien» begriffen, gingen fortan allmählich von der Neutralität zur Nichtkriegführung über. Im Hinblick darauf spielte das seit Dünkirchen zu bewundernde britische Durchhaltevermögen eine wichtige Rolle.

6. Exkurs zum Bombenkrieg

Bereits im Mai 1940, als die britisch-französische Lage verzweifelt aussah, hatte das *Royal Air Force Bomber Command* den strategischen Luftkrieg begonnen. Bis zum Kriegsende flogen die Bomberbesatzungen 373514 Einsätze gegen das Reich, davon nur 1383 vor Ende April 1940. Ihre Kameraden von der 8. *United States Army Air Force* führten vom August 1942 bis zum Mai 1945 insgesamt 332904 Feindflüge durch. Dabei warfen die britischen Flugzeuge rund 970000 und die amerikanischen 632000 Tonnen Bombenlast ab. Sie zerstörten die Fabriken der Kriegswirtschaft und das Transportwesen, ohne jedoch allein kriegsentscheidend gewesen zu sein. Auf die Menschen in den Städten wirkten sich insbesondere die von der *Royal Air Force* durchgeführten Flächenbombardements verheerend aus. Hierfür stehen, von den gigantischen materiellen Schäden ganz zu schweigen, gut 436000 Bombenopfer, darunter ungefähr 370000 tote Zivilisten: nicht nur in Lübeck, Rostock, Köln, Berlin, Hamburg und Dresden oder im Ruhrgebiet, sondern in über 1000 Städten und Ortschaften. Das *Bomber Command* verlor mehr als 10100 Bombenflugzeuge und 50000 Besatzungsmitglieder, ebenso viele Tote beklagte die 8. *US Army Air Force*, die annähernd 5500 Maschinen einbüßte.

Weder der britische noch der deutsche Bombenkrieg genügte, da beide ab April 1942 gewollt im Zeichen des Terrors gegen die Zivilbevölkerung standen, den geltenden Bestimmungen des Völkerrechts. Diesbezüglich fällt nicht ins Gewicht, dass die Luftwaffe zu einer Bombenkriegführung, die derjenigen der Alliierten unter quantitativen Gesichtspunkten vergleichbar gewesen wäre, nicht

Dresden nach dem alliierten Luftangriff am 13./14. Februar 1945.
Die total zerstörte Stadt beklagte rund 40 000 Tote.

imstande war, weil es an Rüstungskapazität und Material
fehlte: Von 1939 bis 1944 baute Deutschland rund
111 800 Flugzeuge, Großbritannien 119 500 und die Vereinigten Staaten 267 600.

Im Vereinigten Königreich gab es 60 595 durch Bomben und Vergeltungs-Waffen (Raketen und Flugbomben)
getötete Zivilpersonen. Das Gros von ihnen starb in den
Jahren 1940 und 1941.

Ab 1942 zählte Großbritannien bei Luftangriffen ungefähr 17 000 Tote. Davon gingen 8938 auf das Konto der
vom 12. Juni 1944 bis zum 30. März 1945 abgefeuerten
10 833 V-Waffen, von denen allerdings nur 6876 auf eng-
lischem Boden einschlugen. Hierbei ist daran zu erinnern,
dass jene V-Waffen in Belgien zahlreiche Opfer verursachten: 6448 Tote vom 15. September 1944 bis zum Kriegsende.

7. Italiens Großmachtanspruch und die Realität des Krieges im Mittelmeerraum

Landkämpfe entwickelten sich nach dem Waffenstillstand
mit Frankreich vorerst lediglich im mittelmeerisch-afrika-
nischen Raum. Mussolini wollte das nutzen, um sich als
Stratege zu profilieren. Aus dem gleichen Grunde bot er
Hitler im Juni See- sowie Luftstreitkräfte für den Einsatz
im Norden an. 75 italienische Bomben- und 98 Jagdflug-
zeuge flogen im vierten Quartal 1940 gegen England,
außerdem liefen 27 U-Boote im September für den Atlan-
tikeinsatz in Bordeaux ein.

Hinter Mussolinis Tätigkeitsdrang stand die Furcht,
ohne nationale militärische Erfolge als Bittsteller auf einer
Friedenskonferenz auftreten zu müssen, die das «Impero»
vollenden und umfangreiche italienische Forderungen er-

Das durch deutsche Luftangriffe zerstörte London im Jahr 1941.

füllen würde: Zugang zu den Ozeanen; Einverleibung von Nizza, Korsika, Malta, Tunesien und Korfu; Inbesitznahme von Sokotra, Aden, Perim, der Sinaihalbinsel sowie von Teilen Marokkos und Algeriens. Zudem wollte Rom eine breite Landverbindung von Libyen nach Äthiopien, was auf die Aneignung großer Gebiete des Angloägyptischen Sudans hinauslief. Auf Mussolinis Wunschliste standen ferner Britisch- sowie Französisch-Somaliland und Teile Französisch-Äquatorialafrikas. Der Besitz dieser Territorien, Vereinbarungen über Einflusszonen sowie Verträge mit der Türkei und arabischen Staaten sollten dem Königreich die Vorherrschaft im Mittelmeerraum samt Nahem Osten sichern.

Aus solcher Perspektive ist die am 18. August 1940 beendete Eroberung von Britisch-Somaliland zu sehen. Das Unternehmen wäre strategisch einzig dann sinnvoll gewesen, wenn die 291 000 Mann der Ostafrika-Armee die Kraft besessen hätten, anschließend gegen den Sudan offensiv zu werden, um sich mit aus Libyen vorgehenden Streitkräften zu vereinigen. Phantastisch! Tatsächlich traten Briten und kaisertreue Äthiopier im Januar 1941 zur Befreiung ganz Ostafrikas an. Nach teilweise verbissener Gegenwehr mussten die italienischen Hauptkräfte in Äthiopien am 18. Mai kapitulieren.

Ein nicht bloß psychologisch wichtiger Sieg, denn Präsident Roosevelt erklärte nun das Rote Meer und den Golf von Aden zu befriedeten Gebieten. Somit konnten amerikanische Versorgungsschiffe den Hafen von Suez anlaufen, und zusätzlich zur Entspannung der Seetransportlage setzte die Rückeroberung – in Nordafrika dringend benötigte – Truppen frei.

Dort hatte Italiens 10. Armee am 13. September 1940 einen Vormarsch gestartet, den sie nach drei Tagen bei Sidi Barrani, 80 km hinter der ägyptischen Grenze, anhielt. Während die Angreifer auf Nachschub warteten, wich die *Western Desert Force* auf das 130 km östlich gelegene Marsa Matruh aus.

In der Wüste schien noch alles offen zu sein, als die Italiener, ungeachtet der britischen Garantieerklärung (13.4.39), am 28. Oktober Griechenland überfielen. Machtpolitische Motive, die Rivalität zwischen Mussolini und Hitler, Selbstüberhebung und Unterschätzung des Gegners führten zu einem Feldzug, der aufgrund seiner dilettantischen Vorbereitung mit einem Desaster endete. Nach Anfangserfolgen sahen sich die italienischen von den griechischen Truppen, denen die *Royal Air Force* und *Royal Navy* beistanden, auf eine Linie 60 bis 120 km nördlich der albanischen Grenze zurückgeworfen. Gegen Jahresende erstarrte die Front im Stellungskrieg.

Hingegen lösten die Briten am 9. Dezember 1940 in Nordafrika eine Offensive aus, welche die 10. Armee zu einem mehr als 900 km langen Rückzug zwang. Nach der Einbuße von acht Divisionen standen die Reste des Großverbands im Februar 1941 im Raum El Agheila. Es kam allein deshalb nicht zum Verlust Libyens, der wohl den Fortbestand des faschistischen Regimes gefährdet hätte, weil London, einvernehmlich mit Athen, ab dem 4. März 1941 etwa 62 000 Mann zur Abwehr des erwarteten deutschen Angriffs von Nordafrika nach Griechenland verlegte.

Hitler und seine Umgebung, die für den Ostkrieg Ruhe auf dem Balkan und den sicheren Zugriff auf das rumänische Öl benötigten, trugen sich schon seit November 1940 mit dem Gedanken, gegen Griechenland vorzugehen. Noch ehe der «Duce» am 19. Dezember für Nordafrika und am 28. für Albanien Hilfe erbat, plante die Wehrmacht gemäß der Weisung Nr. 20 («Unternehmen Marita») die Besetzung des griechischen Festlands. Da-

neben betrieb die Diplomatie die Vorbereitung von Hitlers
viertem Nebenkrieg. Es gelang ihr, Großbritanniens Hoff-
nungen auf eine aus der Türkei, Griechenland, Bulgarien
und Jugoslawien bestehenden antideutschen Front zu-
nichte zu machen.

Anfang 1941 beteiligte sich das X. Fliegerkorps als erster deutscher Verband an den Kämpfen im Mittelmeerraum. Das Treffen Hitlers mit Mussolini am 19./20. Januar markierte sodann das Aus für den «Parallelkrieg»
des «Duce» und den Anfang vom Ende der souveränen
Großmacht Italien.

Ab dem 8. Februar trafen Material und Truppen des
späteren «Deutschen Afrikakorps» in Tripolis ein. Der
Kommandeur des Großverbands, der damalige General-
leutnant Erwin Rommel, befahl am 24. März eine Aufklärungsoperation, die unerwartet bis zum 13. April zur
deutsch-italienischen Wiedereroberung der Cyrenaika
führte – ausgenommen Tobruk. Britische Gegenoffensiven
im Mai und Juni scheiterten, so dass sich die operative
Lage bis zum November 1941 nicht wesentlich änderte.
Jedoch gab es, eine Folge der britischen Seeherrschaft
und des Unternehmens «Barbarossa», ab Sommer 1941
Nachschubengpässe.

Im Südosten nahm die deutsche 12. Armee in Bulgarien
ihre Angriffspositionen ein, als ein Putsch in Belgrad am
27. März den zwei Tage vorher vollzogenen Beitritt zum
Dreimächtepakt außer Kraft setzte. Hitler erließ noch am
selben Tag die Weisung Nr. 25 für die Zerschlagung des
Vielvölkerstaats. Dass die neue Regierung einen neutralen, nicht notwendig antideutschen Kurs zu steuern beabsichtigte, interessierte niemanden.

Des «Führers» Militärs reagierten schnell – am 6. April
begann der Balkanfeldzug. Die 12. Armee (8 Divisionen
und drei Regimenter) stieß von Bulgarien aus auf Saloniki

Infanterie des «Deutschen Afrikakorps» beim Vormarsch in der Cyrenaika 1941.

vor, die 2. Armee und die Panzergruppe 1 (15 Divisionen)
operierten von der Steiermark, Ungarn, Rumänien und
Bulgarien aus gegen Jugoslawien. Wenig später griffen die
ungarische 3. Armee (10 Brigaden) sowie die italienische
2., 9. und 11. Armee (38 Divisionen) in die Kämpfe ein.
1153 deutsche und 320 italienische Flugzeuge leisteten
Luftunterstützung.

Das jugoslawische Heer gliederte sich in 32 Divisionen
und neun Brigaden, die Luftstreitkräfte verfügten über
400 Flugzeuge. Griechenland besaß 21 Divisionen, vier
Brigaden und 80 Flugzeuge. Hinzu traten zwei britische
Infanteriedivisionen und eine Panzerbrigade sowie sieben
Staffeln (84 Maschinen) der *Royal Air Force*.

Die in jeder Hinsicht überlegenen Angreifer eröffneten
den Krieg mit für die Zivilbevölkerung verheerenden Ter-
rorangriffen der Luftwaffe auf das nicht verteidigte Belgrad. Bereits am 9. April streckte die griechische Armee
in Ostmazedonien ihre Waffen, und ab dem 14. des Monats stellte sich London auf die Evakuierung des Expeditionskorps ein. Jugoslawien kapitulierte am 17. April,
König Peter und sein Kabinett gingen außer Landes. Die
griechischen Armeen im Epirus sowie in Westmazedonien
stellten den Widerstand zwischen dem 20. und 23. April
ein. Immerhin gelang es der *Royal Navy*, unter sehr
schwierigen Umständen rund 51000 Mann zu retten,
freilich ohne schwere Waffen und Gerät. Die Aggressoren
besetzten bis zum 3. Mai das griechische Festland sowie
alle größeren Inseln – ausgenommen Kreta. Circa 344000
Jugoslawen, 11900 Briten und 223000 Griechen gerieten
in Kriegsgefangenschaft.

Kreta ermöglichte es Großbritannien, den Zugang zur
Ägäis sowie zum Schwarzen Meer zu kontrollieren und
die Ölfelder in Rumänien zu bombardieren. Hitler befahl
daher am 25. April, das «Unternehmen Merkur» vorzu-

bereiten, eine große Luftlandeoperation, die unter Beteiligung von Heereskräften sowie der deutschen und italienischen Marine am 20. Mai startete.

In London, von ULTRA genau über «Merkur» informiert, wusste man zwar, dass die Kräfte in Maleme kaum
genügten, um den Flugplatz bei einem Angriff zu halten,
da aber ULTRA auf keinen Fall, beispielsweise durch auf-
fällige Verstärkungen, kompromittiert werden durfte,
musste der Kommandeur der Verteidiger versuchen, sich
mit den dortigen Kräften zu behaupten. Eine unter Vete-
ranen nicht unumstrittene Darstellung. Aber wie auch
immer, Maleme fiel am 21. Mai, und das entschied den
Kampf um Kreta. Zwei Tage danach standen rund 17 500
Soldaten der Wehrmacht auf der Insel. König Georg II.
samt Regierung begab sich am 24. Mai ins englische Exil.
Von den am 29. und 30. evakuierten Briten sowie Griechen erreichten 18 000 Ägypten.

Die Deutschen machten etwa 17 000 Kriegsgefangene.
Außerdem massakrierten sie ungezählte Zivilisten. Denn
der Kommandierende General des XI. Fliegerkorps, General der Flieger Kurt Student, befahl nach dem Abschluss der Kampfhandlungen so genannte Vergeltungs-
maßnahmen, die, was immer ihnen vorausgegangen sein
mag, das einschlägige Völkerrecht verhöhnten.

Darüber hinaus ist zu konstatieren, dass die Achsenmächte auf Kreta zwar siegten, doch die Dezimierung
seiner Luftlandetruppen hielt Hitler von der Invasion auf
Malta ab. Die deutsche Führung schreckte in der Tat bis
zum Kriegsende vor ähnlich riskanten Operationen zurück. Malta ließ sich lediglich durch die Luftwaffe zeitweise niederhalten, aber als Basis der Angriffe gegen den
Nachschub für Nordafrika nicht ausschalten.

Im Übrigen dachte Hitler nicht daran, den Erfolg in
seinem vierten Nebenkrieg sofort und expansiv im Mittel-

meer zu nutzen. Der Sieg im Südosten garantierte, worauf
es ihm vor allem ankam, die Ausbeutung der rumänischen
Ölgebiete und eine gesicherte Südflanke beim Ostfeldzug.
Sein Beginn ist, entgegen einer immer wieder aufgestellten
Behauptung, durch den Balkankrieg nicht wesentlich und
schon gar nicht entscheidend verzögert worden.

Deutsche, Italiener und Bulgaren teilten Griechenland
in Besatzungszonen auf. Das Reich beanspruchte Saloniki
und Umgebung, eine Enklave im Süden Attikas samt
Piräus, die Demotika an der türkischen Grenze, den Groß-
teil von Kreta (Rest italienisch) sowie die Inseln Melos,
Chios, Mytilene, Efstratios und Lemnos. Bulgarien bekam Ostmazedonien, West-Thrazien, die Inseln Thasos
und Samothrake sowie ein kleines Territorium westlich
des Strymon. Italien besetzte das übrige Land und die
meisten Inseln.

In Jugoslawien annektierte Deutschland (de facto) die
Untersteiermark, Südkärnten sowie Oberkrain und kontrollierte Serbien. Italien gewann weite Gebiete (Provinzen Laibach und Fiume, Gouvernement Dalmatien, Ober-
kommissariat Montenegro, Vergrößerung Albaniens).
Bulgarien (Teile des jugoslawischen Mazedoniens) und
Ungarn (Backa, Südbaranja sowie ein schmaler Streifen
an der Mur) hielten sich ebenfalls schadlos. Kroatien erklärte sich (10.4.41) zum unabhängigen, den Achsen-
mächten verbündeten Staat. Jene Neuregelung der Ver-
hältnisse trug dazu bei, dass auf dem Territorium des
einstigen Jugoslawien, wo sich starker nationalistischer
und kommunistischer Widerstand formierte, bis zum
Kriegsende keine Ruhe einkehrte.

Davon, dass Hitler erst nach «Barbarossa» im mittelmeerischen und vorderasiatischem Raum strategische Ent-
scheidungen herbeizuführen gedachte, profitierte Churchill. Er behielt den Nahen Osten in der Hand, britische

Truppen schlugen den Staatsstreich im Irak nieder (2.4. bis 30.5.) und besiegten mit freifranzösischen Kräften die Vichytreuen Verteidiger der Mandatsgebiete Syrien und Libanon (8.6. bis 14.7.41). Zudem entspannte sich die Lage an der britischen Heimatfront, da die Luftwaffe ab Mitte Mai über 60 Prozent ihrer Kräfte nach Osten verlegte. Das stimmte zuversichtlich.

Hinsichtlich des «Großen Krieges» wurden die Karten der Mächte beim deutschen Überfall auf die Sowjetunion am 22. Juni 1941 neu verteilt – anfangs sah das wenigstens so aus.

V   Werden und Wesen des Weltkriegs

Theoretisch hätten die maßgeblichen Politiker sowie Militärs in Tokyo bis zum Tag des japanischen Überfalls auf Pearl Harbor am 7. Dezember 1941, sofern ihnen daran gelegen gewesen wäre, auf ihrem Weg in den Weltkrieg jederzeit anhalten können. Dass sie es nicht taten, lag auch an der deutschen Aggression im Osten, die so gesehen die internationale Staatenwelt der Katastrophe eines zweiten «Großen Krieges» im 20. Jahrhundert den entscheidenden Schritt näher brachte.

1. Der «Fall Barbarossa»

Hitler betrieb, um Stalin über seine langfristige Absichten zu täuschen, eine konsequente Politik der Irreführung und des Baldrians. Deshalb ließ er zum Beispiel die im zweiten Halbjahr 1940 nur stockend erfolgenden Warenlieferungen in die Sowjetunion ab Frühjahr 1941 reibungslos durchführen.

Stalin wiederum, dessen wahre Absichten umstrittener Diskussionsgegenstand der Geschichtswissenschaft sind, strebte 1941 zweifellos eine Entspannung in den beiderseitigen Beziehungen an. Er beabsichtigte, das NS-Regime – im Wesentlichen mit den Methoden des *economic appeasement* – von den Vorteilen einer Zusammenarbeit zu überzeugen, um Zeit für die Verwirklichung seiner zahlreichen wirtschaftlichen und industriellen Reformvorhaben zu gewinnen. Gleichzeitig sollte sich Hitler am

Luft-, See- sowie nordafrikanischen Wüstenkrieg gegen
Großbritannien festbeißen. Sein Kalkül hielt ihn allerdings nicht davon ab, auf den Aufmarsch der Wehrmacht
mit einer Verstärkung der Verteidigungsstellungen der
Roten Armee in den grenznahen westlichen Militärbezirken zu reagieren.

Parallel zur Täuschungspolitik gegenüber dem Kreml
bemühte sich Berlin erfolgreich um Finnland und Rumänien als aktive Verbündete für «Barbarossa». Beide hatten mit Moskau Rechnungen zu begleichen. Ende Juni
befanden sich ferner die Slowakei, Ungarn und Italien
im Kriegszustand mit der Sowjetunion. Franco entsandte
einen Freiwilligenverband, die «Blaue Division», und
Hitler hoffte, dass Spanien nun doch noch in den Krieg
gegen das Vereinigte Königreich eintreten würde. Dagegen hätte er im Osten auf die Ungarn und Italiener gerne
verzichtet, sie mussten sich ihm förmlich aufdrängen.

Derartige Anmaßung entsprach seit dem Waffenstillstand mit Frankreich deutscher Dünkelhaftigkeit. Nach
den erfolgreichen Feldzügen wuchs im Militär und in der
Zivilbevölkerung das Selbstwertgefühl sowie das Vertrau-
en in die Reichsführung. Und jene zeigte sich entschlos-
sen, nach den Blitzsiegen im Westen in der Sowjetunion
den ersten als solchen geplanten Blitzkrieg zu führen.
Außerdem wollte Hitler von den damals vorhandenen
Personalproblemen der Roten Armee und den Schwierigkeiten der sowjetischen Rüstung profitieren. Da diese
vorübergehen würden, empfand er – wie 1939 – Zeitdruck.

Hierbei ist, von der Breitenrüstung des deutschen Heeres ausgehend, der Blitzkrieg als Militärstrategie definiert,
die eine Eskalation des Konflikts zum totalen Krieg verhindern soll. Der deshalb notwendige rasche operative
Sieg wird durch den genau berechneten, zeitlich begrenz-

ten Einsatz von qualitativ überlegenen Menschen- und Mittelpotentialen angestrebt.

Die Kriege gegen Polen, Norwegen, Dänemark, die Beneluxstaaten, Frankreich, Jugoslawien und Griechenland entsprachen traditionell entworfenen, allerdings überraschend schnell durchgeführten Feldzügen. Also betrat die Wehrmacht im Grunde Neuland, als sie einen Blitzkrieg gegen die Sowjetunion vorbereitete. Umso mehr erstaunt, wie hochmütig der Gegner abgewertet wurde. Dass ausländische Militärexperten diese Fehleinschätzung der UdSSR teilten, erscheint unerheblich.

Trotz der riesigen Entfernungen, des mangelhaften sowjetischen Straßen- und Schienennetzes sowie der Tatsache, dass nur ein Fünftel des deutschen Feldheers für blitzartige raumgreifende Operationen geeignet erschien, meinte die militärische Führung, in einem kurzen Waffengang siegen zu können.

Es kam hinzu, und das wussten die Generäle, dass die deutschen Offensivkräfte, einmal ganz abgesehen von den besagten miserablen Verkehrswegen, jenseits einer Linie Dvina-Dnepr zum einen nicht ausreichend versorgt werden und zum anderen nur schwerpunktmäßig operieren konnten, weil Transportmittel fehlten. Dessen ungeachtet sah man sogar davon ab, Personal und Produktionskapazitäten für die Ersatzausrüstung der Truppe bereitzuhalten. Zudem mussten eine Munitionsausstattung für zwölf sowie eine Gerätebevorratung für drei Monate ausreichen. Ansonsten gab es beim Aufstellen des Ostheers zahlreiche personelle und materielle Notbehelfe. Ganz zu schweigen von den in vielen Bereichen ungenügenden Vorräten. Der zur Schau getragene Optimismus wirkte angesichts der Fakten zwanghaft.

Bei solchen Voraussetzungen durfte es weder zu unvorhergesehen schweren Verlusten noch zur Verlängerung

*Bespannte deutsche Infanterie 1941 beim Überfall
auf die Sowjetunion.*

des Kriegs bis zum Wintereinbruch kommen. Das heißt, die Generalität nahm unprofessionell an, dass die Truppe den Sieg im ersten Anlauf erringen würde – sonst drohte ein Desaster.

Gemäß der Planung sollte im Spätherbst 1941 die Masse der Roten Armee westlich von Dvina sowie Dnepr vernichtet sein und Stalin seine kriegswichtigen Ressourcen und Fertigungsstätten verloren haben. Die Angreifer hatten somit bis zum Winterbeginn 1941 das in der Weisung Nr. 21 genannte «Endziel der Operation» zu erreichen: Eine Linie, die – 1500 bis 2000 km östlich der am 22. Juni eingenommenen Angriffspositionen – von Astrachan am Kaspischen Meer entlang der Volga und weiter bis Archangel'sk am Weißen Meer verlief. Das galt als machbar, schließlich, so mögen es Zeitgenossen gesehen haben, verlief Ende Oktober 1918 die Linie des weitesten Vordringens der Mittelmächte und ihrer Verbündeten im Ersten Weltkrieg vom Westufer des Ladogasees, westlich Sankt Petersburg über Narwa, den Peipussee, Pleskau, Witebsk, Gomel, Charkow, Zarizyn, westlich Pjatigorsk und Wladikawkas nach Grozny am Kaspischen Meer. Hitlers Ostlandimperialismus entstand nicht zufällig.

Der Deckname «Fall Barbarossa» stand allerdings nicht bloß für einen als Blitzkrieg entworfenen Eroberungsfeldzug, sondern zugleich für Hitlers Vernichtungskrieg gegen Juden, Bolschewisten und Slawen, der eine völkerrechtlich eingehegte Kriegführung verneinte. Das Töten so genannter Rassenfeinde bildete hierbei eine quasioperative Zielsetzung für vier – von der Wehrmacht durch rücksichtslose Kampfführung zu unterstützende – Einsatzgruppen der Sicherheitspolizei und des SD. Willige militärische sowie juristische Helfer setzten Hitlers Absichten noch vor Beginn des Feldzugs in Befehle um, die Kriegsverbrechen staatlich legitimierten. Das geschah etwa mit dem «Erlaß über die Ausübung der Kriegsgerichtsbarkeit im Gebiet ‹Barbarossa› und über besondere Maßnahmen der Truppe», der den gerichtlichen Verfolgungszwang bei Verbrechen aufhob, die Soldaten gegenüber der Zivilbevölkerung verübt hatten. Ebenfalls völkerrechtswidrig waren die «Richtlinien für die Behandlung politischer Kommissare», die das Erschießen einer bestimmten Gruppe von kriegsgefangenen Offizieren vorsahen. Auf einen solchen Krieg schwor Hitler die Offiziere ein, und diese verpflichteten die Truppe. Beispielsweise zitierte ein Befehl, den Generaloberst Erich Hoepner, der später dem Widerstand im «Dritten Reich» angehörte, als Befehlshaber der Panzergruppe 4, Anfang Mai 1941 aus eigenem Antrieb an seine nachgeordneten Einheiten geben ließ, zunächst den «Kampf der Germanen gegen das Slawentum» und die «Abwehr des jüdischen Bolschewismus». Sodann hieß es: «Jede Kampfhandlung muß in Anlage und Durchführung von dem eisernen Willen zur erbarmungslosen, völligen Vernichtung des Feindes geleitet sein. Insbesondere gibt es keine Schonung für die Träger des heutigen russisch-bolschewistischen Systems.»

Die Wehrmacht nahm bei «Barbarossa» ferner das Verhungern von bis zu 30 Millionen Landesangehörigen billigend in Kauf. Dies primär deshalb, weil sich das Ostheer aus den besetzten Gebieten ernähren sollte und musste. Effektiv starben mehrere Millionen Sowjetbürger den Hungertod, darunter besonders viele Juden und Kriegsgefangene. Ein Massensterben, das sowohl eine situationsbedingte logistische als auch eine – und das vor allem – ideologische Wurzel besaß.

Das Drama der Ostfront, in dem alle Schrecken des Kriegs Hauptrollen besetzten, nahm seinen Anfang am 22. Juni 1941, als die Deutschen vertragsbrüchig und ohne Kriegserklärung frühmorgens um 03.12 Uhr die Sowjetunion überfielen.

Gut 2000 Maschinen der Luftwaffe, die im Osten über etwa 3900 eigene und 1000 verbündete Flugzeuge verfügte, griffen Flugplätze der sowjetischen Luftstreitkräfte an und vernichteten zwischen 1200 und 2000 Maschinen (meist am Boden).

Im Ostheer standen 3,05 Millionen Mann, die sich auf drei Heeresgruppen (10 Armeeoberkommandos, 4 Panzergruppen, 43 Generalkommandos und 145 Divisionen) verteilten. Sie besaßen rund 3400 Panzer und 250 Sturmgeschütze, 7150 Geschütze, 600000 Kraftfahrzeuge samt Panzerspähwagen und 625000 Pferde. Hinzu kamen annähernd 690000 finnische, italienische, rumänische, ungarische und spanische Soldaten.

Ihnen lagen in den westlichen Militärbezirken vier Heeresgruppen (10 Armeen mit 140 Divisionen und 40 Brigaden) gegenüber, die vermutlich, verlässliche Zahlen fehlen, 2,9 Millionen Mann, 10000 Panzer, 7500 Flugzeuge und starke Artillerie einsetzen konnten.

In der ersten Kampfphase fiel besonders ins Gewicht, dass der Angriff die Sowjets total überraschte, weil Stalin, der über Hitlers Aggressionsplanungen bestens unterrichtet gewesen ist, alle Warnungen – mitsamt den Erwägungen, die der Generalstab über einen Präventivschlag anstellte – abgelehnt oder nicht beachtet hatte. Bis zuletzt setzte er auf den Ausgleich mit Hitler und wollte nicht glauben, dass dieser den Zweifrontenkrieg wagen würde. Dabei ging aus Agentenberichten seiner Berliner Residentur schon im März 1941 hervor, dass der Überfall beschlossene Sache war. Hitlers Generalstab, so hieß es, traue der Roten Armee nur einen achttägigen harten Widerstand entlang der Grenze zu und nehme an, dass die eigenen Truppen in 25 Tagen den Ural erreichen könnten.

Weil dem so gewesen ist und darüber hinaus feststeht, dass Hitler und seine Strategen sich in keiner Weise von der Roten Armee bedroht fühlten, ist das Gerede sowie Geschreibe vom Präventivkrieg, mit dem sie Stalin gerade noch zuvorgekommen seien, nach dem gegenwärtigen Forschungsstand blanker Unsinn. Die Truppenmassierungen bei Lvov und Bialystok? Der Generalstab des Heeres erkannte darin keine Aggressionsabsicht. Ungewollt arbeiteten die sowjetischen den deutschen Generälen sogar in die Hände, da diese Kräftekonzentration in vorspringenden Grenzräumen die von der Wehrmacht angestrebten Umfassungsmanöver erleichterte. Goebbels bemerkte dazu am 14. Juni in seinem Tagebuch: «Die Russen scheinen noch garnichts [!] zu ahnen. Jedenfalls marschieren sie so auf, wie wir es uns nur wünschen können: dick massiert, eine leichte Gefangenenbeute.»

Kurzum, die Mär vom bevorstehenden sowjetischen Angriff, dem die Wehrmacht mit knapper Not begegnet sei, ist eine Erfindung der Propaganda, verkündet am 22. Juni in Hitlers Proklamation an das deutsche Volk.

Die auf Moskau operierende Heeresgruppe Mitte (Generalfeldmarschall Fedor v. Bock) zerschlug in der Doppelschlacht von Bialystok und Minsk bis zum 9. Juli die seit Ende Juni eingekesselten Kräfte der sowjetischen Heeresgruppe West (324000 Gefangene). Es folgte der rasche Vorstoß über den Dnepr und die Dvina auf Smolensk, das am 16. Juli fiel. Aber der Kessel bei der Stadt konnte erst am 5. August geschlossen werden (310000 Gefangene). Die sowjetischen Truppen wehrten sich mittlerweile verbissen. Eventuell erklärt sich das mit Stalins dramatischem, gleichwohl für die Bevölkerung glaubwürdigem Aufruf zum «Großen Vaterländischen Krieg» und Partisanenkampf (3.7.41).

Im Anschluss an die Schlacht von Smolensk schien es sich anzubieten, auf Moskau vorzustoßen, um dort die militärische Entscheidung zu suchen. Das wollten Generalfeldmarschall v. Brauchitsch und Generaloberst Halder. Doch Hitler befahl, die Truppen der Heeresgruppe Mitte 360 km vor Moskau anzuhalten, um mit deren Panzern die Heeresgruppen Nord und Süd zu unterstützen. Er verfolgte wirtschaftliche und politische Ziele: Inbesitznahme der Krim, Eroberung des Donecbeckens, Unterbrechen der sowjetischen Ölzufuhr aus dem Kaukasus, Einschließen Leningrads und die Vereinigung mit den Finnen.

Inzwischen hatte die Heeresgruppe Nord (Generalfeldmarschall Wilhelm Ritter v. Leeb) das Baltikum eingenommen und bis zum 13. September die Zernierung Leningrads abgeschlossen: Beginn einer 900 tägigen Belagerung, die rund eine Million zivile Opfer forderte. Ansonsten kündigte sich an, dass es Deutschen und Finnen nicht gelingen würde, die für Stalins Nachschub aus Übersee wichtigen Häfen Archangel'sk und Murmansk sowie den Raum um das Weiße Meer in Besitz zu nehmen.

Die Heeresgruppe Süd (Generalfeldmarschall v. Rundstedt) erreichte nach der am 8. August beendeten Kesselschlacht bei Uman (103 000 Gefangene) planmäßig den Dneprbogen. Seit dem 25. August entwickelten sich vielversprechende Operationen, in deren Verlauf im September Kiev genommen und Stalins östlich davon dislozierte Heeresgruppe Südwest in schwersten Kämpfen vernichtend geschlagen wurde (665 000 Gefangene).

In der Nacht auf den 2. Oktober erfuhren die «Soldaten der Ostfront» durch einen Aufruf des «Führers», dass sie zu einem «letzten gewaltigen Schlag ansetzen» müssten, um den Gegner vor «Einbruch des Winters» zu «zerschmettern». So startete das Unternehmen «Taifun», der Angriff auf Moskau.

Begleitet von Operationen der Heeresgruppe Nord, die Leningrad sowie den Ladogasee betrafen, und dem erfolgreichen Vorstoß der Heeresgruppe Süd in Richtung Kursk, Char'kov und Donec, trat die Heeresgruppe Mitte zum Marsch auf die Hauptstadt an. Generalfeldmarschall v. Bock standen die Luftflotte 2, drei Armeen und drei Panzergruppen mit 78 Großverbänden zur Verfügung, im Ganzen 1,9 Millionen Mann. Beeindruckende Zahlen, nur ließ der Zustand der Verbände zu wünschen übrig. Es herrschte Treibstoffknappheit, rund 50 % der Panzer und 22 % der Kraftfahrzeuge fehlten, den hohen personellen Verlusten stand zum Teil mangelhafter Ersatz gegenüber, es gab nicht genügend wintertaugliche Ausrüstung, und fast alle schnellen Verbände gingen ohne Auffrischung von einer Schlacht in die andere.

Trotzdem gewann Bock die erste Runde in dem jahreszeitlich gesehen zu spät gesuchten Entscheidungskampf. In den Kesselschlachten von Vjaz'ma und Brjansk vernichtete er neun sowjetische Armeen. 673 000 Gefangene wurden eingebracht. Aber das Land besaß einen unbeugsamen Widerstandswillen, riesige Reserven an Panzern und Artillerie sowie – einschließlich der zu mobilisierenden Reservisten – 14 Millionen Soldaten.

Der Herbstregen und die folgende Schlammperiode stoppten ab Mitte Oktober die Angriffsoperationen für gut drei Wochen. Als der gefrierende Boden ideale Bedingungen für weiträumige schnelle Panzeroperationen schuf, setzte Bock die Offensive am 15. November fort. Anfang Dezember verlief die Front 20 bis 60 km westlich von Moskau.

Dort hatte Stalin die Schlammpause genutzt, um die Verteidigung vorzubereiten. Das bedeutete Teilevakuierung der Bevölkerung und des Staatsapparats, Verhängung des Belagerungszustands, Heranführen ausgeruhter,

modern ausgerüsteter Verbände aus den asiatischen Landesteilen und Ernennung von Armeegeneral Georgij K.
Zukov, dem Sieger von Nomonhan-Haruha, zum Oberbefehlshaber der Heeresgruppe West.

Hingegen fehlten Bock nach dem verlustreichen Herankämpfen an die sowjetische Hauptstadt operative Reserven, um noch einmal nachsetzen zu können. Einige Teile
seiner Heeresgruppe waren blockiert, andere am Ende der
Kräfte. Und am 4. Dezember kam die Kälte, die das Ostheer unvorbereitet traf: minus 40° Celsius! Damit lagen
unter anderem die motorisierten Patrouillen fest, welche
die zwischen den Frontabschnitten bestehenden Lücken
überwachten. Als die Rote Armee am 6. Dezember zur
Gegenoffensive antrat, brach sie an eben jenen Stellen
durch und bewirkte, was Halder die größte militärische
Krise in zwei Weltkriegen nannte. Brauchitsch, Bock und
andere gingen. Ab dem 19. Dezember führte Hitler das
Heer operativ als Oberbefehlshaber selbst. Er befahl Halten um jeden Preis, alle Frontbegradigungen bedurften
seiner Genehmigung.

Die ausgehungerten, frierenden, medizinisch kaum ver-
sorgten Soldaten, niedergeschlagen wegen enormer per-
soneller Verluste und der Einbußen an Waffen, Zugmit-
teln, Gerät sowie Ausrüstung, sollten durch fanatischen
Widerstand zu alter Kampfmoral zurückfinden. In der
Tat fing sich die Truppe. Als die Schneeschmelze die
sowjetischen Angriffe beendete, hielt die Heeresgruppe
Mitte im März 1942 eine zickzackförmige Frontlinie
etwa 150 km westlich von Moskau. Die Deutschen verdankten das nicht zuletzt Stalin. Statt, wie von Zukov
beabsichtigt, Smolensk frontal anzugreifen, befahl er die
Umfassung der Heeresgruppe Mitte. Ein Unterfangen, das
die damaligen operativen Fähigkeiten der Roten Armee
überforderte.

Ohne Feindeinwirkung im Dezember 1941 in Russland gefallene deutsche Soldaten – Opfer einer unverantwortlichen, leichtfertigen Planung.

Unbeschadet der Stabilisierung der Front ist festzustellen, dass sich Hitlers Kriegsmaschine von den Auswirkungen dieser Niederlage nie mehr erholte. Unstrittig ist ferner, dass «Barbarossa» keines der gesteckten Ziele erreichte. Denn die «Masse des russischen Heeres» entzog sich der Vernichtung. Die Wirtschaft der Sowjetunion blieb intakt. In den besetzten Gebieten stellten sich nicht die erwarteten Ausbeutungserfolge ein. Und schon 1942 übertraf die sowjetische Rüstung die deutsche um ein Vielfaches. Das wurde besonders deswegen möglich, weil es gelungen war, nach dem Überfall 2593 Rüstungsbetriebe, darunter 1523 große, aus dem gefährdeten Westen in den sicheren Osten des Landes zu verlegen, die zivile Produktion rigoros auf militärische umzustellen sowie neue Rüstungsfabriken in Betrieb zu nehmen.

Woran scheiterte der einzige als Blitzkrieg geplante deutsche Feldzug? Regen, Schlamm und eine extreme Kältewelle fielen gewiss ins Gewicht. Nur sind das in der Sowjetunion keine außergewöhnlichen Naturerscheinungen. Dass sie überraschten, verweist auf die zentrale Ursache: Eine allzu riskante Planung, die zudem den Gegner leichtfertig unterschätzte.

Hitler verlor Ende 1941 seinen Hauptkrieg und zugleich, im Rückblick erwartungsgemäß, den Krieg. Das vom Kriegseintritt Tokyos und Washingtons flankierte Desaster vor Moskau fixierte für das Dritte Reich die strategische Kriegswende – die Niederlage! Der eine oder andere in der deutschen Führung hat dies wohl erkannt, aber bei Hitler selbst ist eine derartige Einsicht nicht nachzuweisen. Ob er den Krieg vor seinem Freitod am 30. April 1945 jemals als absolut verloren ansah, ist schwer zu sagen. Seine diesbezüglichen Aussagen enthalten, wenn die Chronologie, der situationsbedingte Zusammenhang und das praktische Geschehen beachtet werden, zahlreiche Widersprüche, die unterschiedliche Auslegungen erlauben. Dennoch entsteht am Ende der Eindruck, dass es ihm gelang, sogar der übelsten Situation noch positive Seiten abzugewinnen. Ihn beherrschte, unbeschadet depressiver Stimmungsphasen, die Überzeugung, dass eine «Lage niemals hoffnungslos» ist. Tatsächlich gab er den Glauben, wenn schon nicht an den Sieg, so doch an *sein Davonkommen*, offenbar nie auf. Man weiß, wie sehr er sich dabei selbst im Wege stand.

2. Verbrecherische Kriegführung und Völkermord

Nein, und dies beschrieb ein erklärtes Ziel der Alliierten, Massenmörder wie Hitler sowie seine Gehilfen in der SS, der Waffen-SS, im Sicherheitsdienst, in der Polizei und der Wehrmacht beziehungsweise in einer der vielen Parteiorganisationen durften nicht *davonkommen*.

Auf ihr Konto gingen der Genozid an Europas Juden, die so genannte Euthanasie und der Tod zigtausender unschuldiger Menschen in fast allen besetzten Ländern: Kinder, Frauen, Greise und Männer jeden Alters. Sie starben, oft auf grausamste Weise, bei Repressalien nach Anschlägen sowie Sabotageaktionen und im Rahmen der Partisanenbekämpfung, bloß weil sie verdächtig erschienen, mit den «Banden» zusammenzuarbeiten. Selbst wenn hierbei anerkannt wird, dass der bewaffnete Widerstand das Okkupationsregime zusätzlich brutalisierte, so darf doch nicht vergessen werden, dass letzterer de facto eine Notwehrreaktion auf Aggression und Besatzungsherrschaft darstellte!

Der kriminelle Charakter der nationalsozialistischen Kriegführung begründete sich darin, dass die Regierung, für die deutsche Soldaten von 1939 bis 1945 kämpften,

Kriegsverbrechen und Verbrechen gegen die Menschlichkeit beging oder befahl. Dabei bestand im Ganzen gesehen zwar ein quantitatives, aber kein qualitatives Ost-West-Gefälle. Die ethische Hemmschwelle bei staatlich verordnetem Mord lag auch bei auf dem Balkan, in Frankreich und Italien eingesetzten Deutschen sehr niedrig. Selbst dann, wenn die Befehlsverweigerung rechtlich möglich erschien, rekurrierte darauf nur eine verschwindend kleine Zahl der Uniformträger. Als typisch für die diesbezügliche Grundeinstellung deutscher Militärs kann deren Verhalten bei einem der entsetzlichsten Kriegsverbrechen des Zweiten Weltkriegs gelten, der nach Italiens Kriegsaustritt (8.9.43) aufgrund von drei «Führerbefehlen» erfolgten Ermordung von ungefähr 7000 kriegsgefangenen oder sich ergebenden italienischen Soldaten, die sich, wie vom König befohlen, gegen ihre Entwaffnung und die Besetzung des Landes durch die Wehrmacht gewehrt hatten. Nur eine Handvoll Offiziere tat, was jeder deutsche Soldat sowie SS-Angehörige hätte tun können, und verweigerte die Ausführung der Mordbefehle. All das entlarvt die Behauptung, dass dem kriminellen Ostkrieg ein penibel völkerrechtskonformes Verhalten im Westen korrespondierte, als Mythos.

Zu den deutschen Kriegsverbrechen zählte ferner die Deportation von Männern sowie Frauen zur Zwangsarbeit. Die Opfer wurden zuweilen bei regelrechten *Sklavenjagden* festgenommen. 1944 belief sich ihre Zahl, 1831000 arbeitende Kriegsgefangene und Militärinternierte inbegriffen, auf 7126000. Das entsprach 24 % der in der Kriegswirtschaft tätigen Personen. Andere Schätzungen sprechen von 14 Millionen Zwangsarbeitern.

Auch das Massensterben von etwa 3,3 Millionen der 5,7 Millionen kriegsgefangenen Rotarmisten verletzte internationales Recht. Es ist weder allein mit einem Not-

Als Repressalie für die Tötung von mindestens einem
Angehörigen der 2. SS-Panzerdivision «Das Reich» in der Nacht
vom 20. auf den 21. April 1941 in der serbischen Stadt Pancevo
wurden vom Divisionsgericht 36 Serben zum Tode durch
Erschießen oder Erhängen verurteilt. Das Bild zeigt einen Offizier
der SS-Division, der ein bei der Exekution an der Friedhofsmauer
nur verwundetes Opfer durch einen gezielten Schuss tötet.

stand noch mit einer generellen Vernichtungsabsicht zu
erklären. Ursächlich dürfte die mit den verbrecherischen
«Barbarossa»-Befehlen geförderte rassistische Verachtung
der Slawen gewesen sein. Diese zeigte sich insbesondere
im Verhalten der obersten Führung, die das Los sowjetischer Kriegsgefangener in der Regel nicht rührte.

Über das hier lediglich angedeutete menschliche Elend
hinaus, verantworteten Täter, Mittäter und Mithelfer des
NS-Regimes den Völkermord an den europäischen Juden,
der 1939 in Polen als partiell verwirklichter Genozid begann und sodann im Ostkrieg fortgesetzt wurde. Hierbei
erschossen rund 3000 Mann der Einsatzgruppen A, B, C
und D ab dem 22. Juni 1941 zuerst männliche Juden, ein
paar Wochen später auch Kinder und Frauen – bis April
1942 circa 560000 jüdische Menschen. Die verbreitete
Formulierung «Endlösung der Judenfrage» drückte für
das NS-Regime seit dem Frühsommer 1941 den festen
Willen aus, alle Juden in seinem Einflussbereich gewaltsam zu töten. Hitler ging damit zum total realisierten Genozid über. Ein von ihm ausgefertigter Befehl für den
Massenmord ist zwar bislang nicht aufgetaucht, aber
das erscheint unerheblich, da Äußerungen des «Führers»
– in seinen Reden, Monologen und in den Bormann-
Diktaten – einer Selbstbezichtigung gleichkommen. In jenen Quellen ist er die Zentralfigur des Völkermords. Ein
Sachverhalt, den Himmler bestätigte. Es muss wohl von
mündlichen Weisungen für die «Endlösung» ausgegangen
werden.

Jedenfalls ist die Annahme, die Durchführung des
Genozids sei am 20. Januar 1942 auf der so genannten
Wannseekonferenz beschlossen worden, falsch. Das Treffen Reinhard Heydrichs, Chef der Sicherheitspolizei und
des SD, mit hochrangigen Repräsentanten einiger Minis-
terien, Ämter und Dienststellen in Berlin sollte zum einen

So genannte «Untermenschen» bitten als Kriegsgefangene der deutschen Wehrmacht verzweifelt um etwas Essbares.

klarmachen, dass einzig der Reichsführer SS für den Genozid zuständig war, und diente zum anderen dazu, Richtlinien für die reibungslose Zusammenarbeit bei der Schaffung eines «judenfreien Europas» zu vereinbaren. Dabei unterstellten die Konferenzteilnehmer, dass maximal 11 Millionen Juden zu vernichten wären.

Wenn die SS und ihre Helfer die 1941 beschlossene «Endlösung» erst ab März 1942 im großen Stil praktizierten, so lag das vor allem daran, dass die Organisatoren, weil sich das Erschießen der Juden als zu zeitaufwendig und kostspielig sowie für die Mörder als nervenaufreibend herausgestellt hatte, eine fabrikmäßige, technisierte, so weit wie möglich entpersonalisierte Tötung anstrebten. Dafür mussten zunächst die infrastrukturellen Voraussetzungen geschaffen werden. Doch schon im zweiten Halbjahr 1941 gab es Experimente mit Gaswagen und dem in Gaskammern eingesetzten Giftgas Zyklon B.

Parallel dazu dehnte man die Deportationen in Ghettos aus. Sie nahmen im Herbst 1939 mit polnischen Juden ihren Anfang und erfassten 1940 in Pommern sowie Baden und der Saarpfalz erstmals rund 7900 deutsche Juden. Im Oktober 1941 setzte die systematische Verschleppung der letzteren nach dem Osten ein, und im Frühjahr 1942 folgten die jüdischen Menschen, die in den von Deutschland besetzten Ländern lebten.

Die Ghettoisierung geschah ursprünglich in der Absicht, die Juden weit nach Osten abzuschieben. Dabei dachten die Nazis bevorzugt an Gegenden, die, wie beispielsweise die Eismeerküste, eine hohe Sterblichkeit garantierten. In jenes Vernichtungsszenario fügte sich unter anderem der Generalplan Ost ein, der die Vertreibung von 31 Millionen Menschen aus den Baltischen Ländern, dem Generalgouvernement und den westlichen Teilen der Sowjetunion

Babi Jar, 29./30. 9. 1941 – Erschießung von 33 771 jüdischen Menschen.

nach Sibirien vorsah. Mit dem Kriegsverlauf erledigten sich diese territorialen Lösungsansätze, die einer zutiefst inhumanen Germanisierungs- und Lebensraumpolitik entsprangen, von selbst.

Insgesamt betrachtet entwickelten sich die Ghettos, in denen 500000 Menschen elendiglich starben, für ihre Bewohner zu wahren Vorhöfen der Hölle. Niemanden und schon gar nicht die Verwaltungsbürokraten in den besetzten Ostgebieten konnte es überraschen, dass die Ghettoisierung, das Zusammenpferchen zu vieler und in jeder Hinsicht unterversorgter Menschen auf knappstem Raum, zahlreiche Probleme hervorrief: Bewusst herbeigeführte Sachzwänge, welche die Verantwortlichen später zitierten, um immer drängender radikalste, selbst mörderische Lösungen zu verlangen. Als sodann Japans Überfall auf Pearl Harbor (7.12.41) zum Kriegseintritt der Vereinigten Staaten führte, fasste Goebbels die daraus zu ziehende Konsequenz am 13. Dezember 1941 in seinem Tagebuch lakonisch zusammen: «Der Weltkrieg ist da, die Vernichtung des Judentums muß die notwendige Folge sein.» Der Rückgriff auf die Prophezeiung des «Führers» vom Januar 1939 ist offenkundig.

Hitlers Entscheidung für den Mord an den Juden entsprach seinem rassenpolitischen Kriegsziel. Zugleich genügte sie den erwähnten, so genannten Sachzwängen. Ausschlaggebend bei der Entschlussfassung dürfte jedoch die programmatische Zielsetzung gewesen sein. Denn es ist nicht anzunehmen, dass äußerer Zwang – ohne Hitlers ideologische Fixierung – zum Völkermord geführt hätte. Umgekehrt ist das durchaus vorstellbar. Der Vollzug des Genozids blieb der Öffentlichkeit nicht völlig verborgen. Es gab Gerüchte und konkrete Informationen. Im Übrigen mussten die Volksgenossen bloß lesen, was Goebbels dazu etwa am 16. November 1941 in der NS-Wochen-

zeitung «Das Reich» schrieb, und genau zuhören, wenn
Hitler beziehungsweise Himmler sprach. Wer sich zu in-
formieren versuchte, der konnte zumindest erahnen, was
geschah. Und 1942 wusste die Staatenwelt samt Vatikan
über den Massenmord an den Juden Bescheid. Dass letzte
Details unbekannt blieben, vermag nicht zu vermitteln,
warum so gut wie nichts geschah. Hierzu gibt es Erklä-
rungen, nur bisher keine, die befriedigen könnte.

Wie die Ausrottung der europäischen Juden, die zu
mehr als sechs Millionen verhungerten, erschlagenen,
totgearbeiteten, erschossenen sowie vergasten Menschen
führte, gehörte der Völkermord an den «Zigeunern» zu
den rassenpolitischen Zielen der Nazis. Im Frieden schi-
kaniert und terrorisiert, erfolgte seit Mai 1940 ihre Deportation in besetzte polnische Gebiete. Dort ermordete
man Sinti und Roma ab 1943 an verschiedenen Orten
durch Gas sowie Massenexekutionen. Die Zahl der Opfer
ist umstritten, sie wird meist mit über 200000 angegeben.

Bleibt die Frage, welche Rolle die Wehrmacht als Organisation bei alldem spielte. Die Antwort fällt nicht
schwer. Bekanntermaßen erfuhr ihre Führung von Hitler
(26.5.44) und Himmler (25.1.44) persönlich, was mit
den Juden passierte. Zudem kooperierte sie seit Kriegsbeginn bei den im Osten an Juden verübten Massakern mit
den Einsatzgruppen der Sicherheitspolizei und des SD.
Auf dem Balkan nahm das Heer der SS sogar teilweise die
Arbeit ab. Höchste Offiziere verlangten von ihren Unter-
gebenen Verständnis für das den so genannten jüdischen
Untermenschen zugefügte Leid. Und die Vernichtungslager, das läßt sich schwerlich ignorieren, arbeiteten hinter
dem Schutzschild des Ostheers. Das Fazit – ohne Dul-
dung, auch Gutheißen des Genozids durch die, im weiteren Sinn des Worts verstanden, Wehrmachtführung wäre
der Völkermord nicht möglich gewesen.

3. Weltpolitische Entscheidungen
im zweiten Halbjahr 1941

Im Sommer 1941 scheint Hitler alles für machbar ge-
halten zu haben. Mitte Juli sprach er – überzeugt, dass
der Ostfeldzug bereits gewonnen sei – gegenüber Tokyos
Botschafter Oshima absichtsvoll von einem globalen anti-
amerikanischen Offensivbündnis. Nach «Barbarossa»
könnten und sollten Deutschland und Japan gemeinsam
die Vereinigten Staaten «vernichten».

Das Hirngespinst eines Weltblitzkriegs mag Hitler kurzzeitig fasziniert haben. Als geschichtsträchtiger erwies
sich die Tatsache, dass sich nach dem Angriff auf die
Sowjetunion eine informelle «Anti-Hitler-Koalition» an-
bahnte. Eine *Grand Alliance* zwischen London, Moskau
und Washington, die über ein ungeheures Wirtschafts-
potential und 75 % der personellen sowie materiellen Reserven der Erde verfügte. Zu Beginn der neuen strategischen Frontbildung übernahmen amerikanische Truppen
am 7. Juli britische Stützpunkte auf Island. Praktisch wurden die von Berlin zum uneingeschränkten Operationsgebiet erklärten Gewässer um die Insel damit in eine von
Präsident Roosevelt definierte Sicherheitszone einbezogen.
Ferner erhielt die *US Navy*, nach dem Angriff eines deutschen U-Boots auf einen ihrer Zerstörer, am 11. September Schießbefehl gegen Kriegsschiffe der Achsenmächte,
die in Seegebieten operierten, die für die eigene Verteidigung wichtig erschienen. Da Hitler daran lag, die Vereinigten Staaten bis zum Sieg über Stalin vom Krieg fern-
zuhalten, nahm er die Provokation hin. Vom selben Tag
stammt ein Memorandum des Generalstabs (*Joint Chiefs
of Staff committee*), das, den Kriegseintritt vorausgesetzt,
die militärische Niederwerfung des Dritten Reichs und

die Wahrung der Integrität der Philippinen, Malayas, Niederländisch-Indiens, Australiens, Burmas sowie Chinas empfahl. Die weltumfassende Dramatik des zweiten Halbjahrs 1941 erreichte am 9. Oktober, als sich der Präsident für den beschleunigten Bau der Atombombe entschied, ihren Höhepunkt: ein schicksalhafter Entschluss.

Bereits am 12. Juli hatten London und Moskau ein Übereinkommen unterzeichnet, in dem sie sich im Krieg gegen «Hitler-Deutschland» totale Unterstützung zusicherten und einen Sonderfrieden oder einseitigen Waffenstillstand ausschlossen. Stalin wollte eigentlich mehr. Um die mit dem Rücken zur Wand kämpfende Rote Armee zu entlasten, drängte er die britische Regierung seit dem 18. Juli, auf dem europäischen Kontinent eine zweite Front zu errichten. Das Vereinigte Königreich sah sich hierzu außerstande.

Große Schwierigkeiten der sowjetischen Kriegführung resultierten aus den riesigen Materialverlusten, die Stalins Truppen 1941 erlitten. Roosevelt und Churchill wussten das, und anlässlich bilateraler Beratungen vom 9. bis 14. August – die das Ziel der «endgültigen Zerstörung der Nazi-Tyrannei» bestätigten und mit der Verkündung von in der Atlantik-Charta zusammengefassten Friedenszielen endeten – schlugen sie Stalin deshalb eine Drei-Mächte-Konferenz vor. Experten sollten klären, was die Sowjetunion sofort brauchte. Amerikaner, Briten und Sowjets verhandelten darüber ab dem 28. September in Moskau. Sie vereinbarten, dass der Roten Armee bis zum Juni 1942 Flugzeuge, Panzer, 5000 Jeeps und 85000 Lastkraftwagen geliefert würden. Im Hinblick darauf erwies sich der Einmarsch von sowjetischen sowie britischen Truppen in den neutralen, aber deutschfreundlichen Iran (25.8.41) als vorteilhaft. Danach konnten nämlich neben Murmansk und Archangel'sk auch die

Häfen des Persischen Golfs für die Versorgung der Sowjetunion mit Waffen, Gerät und Gütern aller Art genutzt
werden.

Stalin zeigte sich allerdings von den Besprechungser-
gebnissen enttäuscht. Aus seiner Sicht blieb die Sowjetunion unnötigerweise ganz auf sich allein angewiesen.
Das traf zwar nicht zu, doch sein früher Argwohn wirkte
sich nachhaltigst auf die sowjetische Politik aus. Nichtsdestoweniger überstand die *Grand Alliance* – was besonders Hitlers Erwartungen zuwiderlief – bis zum Ende der
Kampfhandlungen alle Krisen sowie Belastungen. Sie
richtete sich im Übrigen vor dem 8. August 1945, an dem
Moskau den japanisch-sowjetischen Nichtangriffspakt
aufkündigte und Tokyo den Krieg erklärte, nur gegen das
Dritte Reich und seine europäischen Verbündeten. Das
japanische Problem betraf bis dahin im Wesentlichen lediglich Großbritannien und die Vereinigten Staaten.

Wie dargelegt entschied sich Tokyo im Juni 1941 für
den Vorstoß nach Süden. Mit dem erzwungenen Einver-
ständnis des Vichy-Regimes rückten am 24. Juli 40000
Soldaten in Süd-Indochina ein. Roosevelt ließ daraufhin
die japanischen Guthaben in den Vereinigten Staaten
sperren, was einem umfassenden Handelsembargo gleich-
kam. Großbritannien, seine Dominions und die Niederlande schlossen sich dem an. Das brachte es mit sich,
dass zum Beispiel sämtliche Öllieferungen nach Japan
aufhörten. Da dessen Ölvorräte, auf den Friedensver-
brauch bezogen, ohne Importe allenfalls für 24 Monate
ausreichten, musste die kaiserliche Regierung handeln. Sie
besaß drei Reaktionsmöglichkeiten: Gespräche über die
Aufhebung des Embargos, Hinnahme verringerter wirtschaftlicher und militärischer Aktionsfähigkeit sowie ge-
waltsame Expansion, um die dem Land fehlende Rohstoffbasis zu erkämpfen.

Amerikaner und Japaner wussten, dass es im Extremfall um Krieg oder Frieden ging. Deswegen setzten sie die Verhandlungen vorerst fort. Ins Gewicht fielen zudem Bedenken amerikanischer Generäle und Admiräle, die meinten, dass die eigenen Streitkräfte für einen Zwei-Ozeane-Krieg noch nicht gewappnet seien. Mehr Zeit für die militärischen Vorbereitungen wäre ihnen willkommen gewesen. Und einigen ihrer japanischen Kollegen war klar, dass sie die Vereinigten Staaten nicht im Frontalangriff niederzuringen vermochten. Es gab in Tokyo durchaus warnende Stimmen – und das mit Recht. Denn die Siegeshoffnungen der Falken beruhten auf der optimistischen Annahme, dass gewaltigen japanischen Anfangserfolgen eine Art Pattsituation folgte, in der es dann zu Friedensverhandlungen sowie der Anerkennung der Eroberungen kommen würde. Eingedenk der Gegnerkoalition und ihrer globalstrategischen Möglichkeiten bedeutete das ein ziemlich gewagtes Spiel. Es sollte, als sich eine Verbindungskonferenz am 1. November einmal mehr für den Krieg entschieden hatte, Anfang Dezember eröffnet werden. Weniger als vier Wochen vorher trafen sich amerikanische und japanische Diplomaten zu einer weiteren Gesprächsrunde, um das Ausgleichsproblem erneut auszuloten und den Frieden doch noch zu bewahren. Den entscheidenden Personen im Kaiserreich lag zu jenem Zeitpunkt freilich einzig und allein daran, durch Täuschung der Amerikaner die japanische Ausgangsposition für den Krieg zu verbessern!

Tokyo konfrontierte Washington mit zwei Vorschlägen. Der erste erschien völlig inakzeptabel, doch der zweite stieß nicht nur auf Ablehnung. Er lief darauf hinaus, sich zunächst über einen modus vivendi zu verständigen, um später den Interessenausgleich zu verwirklichen. Eine Überlegung, die Washington, das durch MAGIC mehr wusste als die Japaner ahnten, am Ende verwarf, weil *White House* davon ausging, dass Nippon sich längst für den Krieg entschieden habe. Zudem protestierte Chiang Kaishek, der, von Churchill unterstützt, befürchtete, dass ein solcher Lösungsansatz China benachteiligte.

Roosevelt entschloss sich nunmehr zum Befreiungsschlag. Er präsentierte der kaiserlichen Regierung Forderungen, die keine Ausflüchte gestatteten: Rückzug der Truppen aus China sowie Indochina, Anerkennung der Regierung Chiang Kaisheks und Abschluss eines amerikanisch-japanischen Abkommens, das bei inhaltlichen Kollisionen gegenüber dem Dreimächtepakt als vorrangig angesehen werden müsse. Mit dem Verlangen, sich aus China zurückzuziehen, wo die Japaner den uneingeschränkten Sieg anstrebten, stellte der Präsident die «Gretchenfrage». Tokyo empfand das als Provokation und befahl den Überfall auf den Flottenstützpunkt Pearl Harbor.

Auch für Ostasien gibt es keine Kriegsschuldfrage. Roosevelts ab und zu kompromisslose Politik bezweckte weder den Krieg noch wollte sie Japan etwas wegnehmen. Seine Führung sollte lediglich zurückgeben, was sie anderen geraubt hatte – keine unbillige Forderung an einen selbstgerechten Aggressor.

4. Pearl Harbor – der Beginn des Weltkriegs

Die Verhandlungen in Washington dauern noch an, als im November ein japanischer Flottenverband, zu dem sechs Flugzeugträger gehören, Kurs auf das 6800 km entfernte Hawaii nimmt. 370 km nördlich der Insel starten in den Morgenstunden des 7. Dezember die Flugzeuge: Ziel Pearl Harbor. Die Angreifer erleiden unerhebliche Verlus-

Japans Angriff auf den amerikanischen Flottenstützpunkt Pearl Harbor am 7. Dezember 1941, eine strategische Fehlentscheidung.

te, während die Amerikaner am Ende des Tages 2403 tote sowie 1178 verwundete Zivilisten und Soldaten beklagen. 164 Flugzeuge gelten als zerstört, 128 als beschädigt. Von 70 im Hafen befindlichen Kriegs- und Hilfsschiffen liegen sechs Schlachtschiffe, drei Zerstörer sowie ein Minenleger in seichtem Wasser auf Grund.

Bis auf zwei Schlachtschiffe traten sie – wie die getroffenen, aber nicht gesunkenen Einheiten – schon im Krieg wieder in Dienst. Die drei in See stehenden großen Flugzeugträger und die sie begleitenden Schweren Kreuzer blieben zwar intakt, da jedoch der Konflikt im Pazifik mehr als anderswo ein Seekrieg gewesen ist, befanden sich die Alliierten nach der Versenkung der amerikanischen und zweier britischer Schlachtschiffe (10.12.) Ende 1941 in einer schwierigen Lage.

Pearl Harbor schockierte die Amerikaner. Es gab sieben Untersuchungsverfahren zur Klärung der Verantwortlichkeit. Gerüchte und Verdächtigungen unterstellten, dass Roosevelt den angeblich erkannten Überfall zugelassen habe, um das Land in den Krieg führen zu können. Hierfür gibt es bis heute keinen überzeugenden Beweis. Die Aggression traf die amerikanische Führung offenkundig unvorbereitet. Dass die Überraschung bei einer sorgfältigeren Lageanalyse eventuell zu vermeiden gewesen wäre, ist etwas ganz anderes. Als entscheidend erwies sich jedenfalls, dass die Militärs einen Luftangriff gegen die Basis nicht einkalkulierten, und dafür dürfte die Unterschätzung der operativen Fähigkeiten des Gegners ausschlaggebend gewesen sein. Hinzu traten von Washington zu verantwortende Informationsdefizite bei den Befehlshabern auf Hawaii, Unzulänglichkeiten in der Zusammenarbeit zwischen Heer und Marine, menschliches Versagen sowie eine erstaunliche militärische Sorglosigkeit auf der Insel.

Doch was vordergründig betrachtet wie ein Sieg aussehen mochte, bedeutete für Japan in Wahrheit ein Desaster. Scheiterte doch das Kalkül seiner Strategen, die nach der Eroberung von Faustpfändern Kompromissbereitschaft des Gegners und die Anerkennung der «Neuen Ordnung» erwarteten, schon am ersten Kriegstag. Die amerikanische Nation stand nach dem – wie Roosevelt ihn publikumswirksam nannte – «Tag der Infamie» zusammen wie ein Mann. Pearl Harbor entwickelte sich für Tokyo zum Garanten der Niederlage.

Als die Vereinigten Staaten Nippon den Krieg erklärten (8. 12.), mündete der europäisch-afrikanische Konflikt in den zweiten «Großen Krieg». Ende 1941 herrschte zwischen 38, zum Teil durch Exilregierungen vertretenen Staaten Kriegszustand.

Hitler, der vom Überfall auf den Inselstützpunkt aus dem «Feindrundfunk» erfuhr, zeigte sich sofort bereit, Roosevelt und seinem Land den Krieg zu erklären. Das geschah, gemeinsam mit Italien, am 11. Dezember. Kurz vorher unterzeichneten die drei Achsenmächte ein Abkommen, mit dem sie sich verpflichteten, bis zum Sieg gegen die Westmächte zu kämpfen und keinen einseitigen Waffenstillstand oder Frieden zu schließen.

Aus deutscher Sicht konnte Japans Kriegseintritt Washington daran hindern, sich wie im Ersten Weltkrieg, als amerikanische Truppen die Entscheidung herbeiführten, auf dem europäischen Kriegsschauplatz einzumischen. Der «Führer» meinte, durch den japanischen Schritt wenigstens eine Atempause gewonnen zu haben, die für den zweiten Feldzug gegen die Sowjetunion genutzt werden sollte. Nach der Eintragung in Goebbels' Tagebuch am 12. Dezember sah er die Lage im «Osten» nun nicht mehr als «allzu dramatisch» an. Effektiv aber hieß es für den Vabanquespieler Hitler bereits: rien ne va plus. Dass die Wehrmacht 1942 im Süden der Ostfront wieder operative Erfolge errang, änderte daran nichts. Die *Grand Alliance*, nicht Berlin entwarf die Zukunft der Welt. Als der britische Außenminister Anthony Eden im Dezember 1941 in Moskau weilte, deutete Stalin, der sein Land nach der souverän gemeisterten militärischen Krise als selbstbewusste Großmacht präsentierte, erstmals Kriegsziele an – Anerkennung der sowjetischen Westgrenze gemäß ihrem Verlauf am 21. Juni 1941 mitsamt den dahinter geschaffenen Verhältnissen, Einverleibung von Petsamo, Stützpunkte in Westrumänien, Teilung Deutschlands in Kleinstaaten und Gebietsabtretungen an Moskau sowie Warschau.

Wenig später, am 1. Januar 1942, unterschrieben 26 Staaten, auch die Sowjetunion, in Washington den Pakt der «Vereinten Nationen», der die demokratischen Prinzipien der Atlantik-Charta bestätigte. Zudem verpflichteten sich die Signatarmächte, keinen Separatfrieden mit Japan oder dem Deutschen Reich abzuschließen. Am 6. Januar erklärte Roosevelt die «Zerschmetterung des deutschen Militarismus» zum Kriegsziel; und am 14. Januar endete die erste Washingtoner Konferenz, Deckname «Arcadia», auf der Briten und Amerikaner strategische Fragen erörterten. In Ostasien wollten sie die für den Schutz ihrer Interessen zentralen Positionen halten und Japan den Zugriff auf kriegswichtige Rohstoffe verwehren. Es blieb ferner beim «Germany first» und der Absicht, baldmöglichst auf den europäischen Kontinent zurückzukehren. Dazu sollte der Ring um das Reich geschlossen und stetig enger gezogen werden: durch Seeblockade, die nach Wegfall der sowjetischen Lieferungen an Bedeutung gewann, und Bombenkrieg, Subversion, massive materielle Unterstützung Stalins sowie Inbesitznahme der nordafrikanischen Küste.

Letztere versuchten die Einheiten der britischen 8. Armee unter General Alan Cunningham. Sie hatten, an Panzern und Flugzeugen deutlich überlegen, am 18. November 1941 an der Sollumfront die Operation «Crusader» begonnen. Nach für beide Seiten extrem verlustreichen Kämpfen mussten sich die deutsch-italienischen Truppen ab dem 8. Dezember aus der Cyrenaica zurückziehen. Anfang 1942 kam die Front im Raum El Agheila-Marsa el Bregha zum Stehen.

Aufgefrischt und versorgt mit neuem Material sowie Treibstoff starteten die Achsenstreitkräfte am 21. Januar eine Gegenoffensive. Nach fünf Monaten nahmen sie die 1941 vergeblich berannte Festung Tobruk und drängten die Briten bis Ende Juni auf eine Verteidigungslinie bei El-Alamein zurück. Rommel unternahm am 1. Juli einen übereilten Angriff, der nach drei Tagen zum Erliegen kam. Somit blieb der Weg nach Ägypten vorerst versperrt. Die endgültige Entscheidung fiel im Oktober 1942. Bis dahin dominierten die Kämpfe in der Sowjetunion und Tokyos Kriegführung in Südostasien das Geschehen.

5. Japans Expansion in die strategische Sackgasse

Im Dezember 1941 zählte das japanische Heer 2,08 Millionen Mann, das Gros lag in China und der Mandschurei. Die Truppen, teilweise vom Abnutzungskrieg gegen die Chinesen schwer gezeichnet, verteilten sich auf 51 Kampfdivisionen und 58 Brigaden oder ähnliche Verbände: Vier Divisionen und 11 Brigaden standen im Mutterland, zwei Divisionen in Korea, 13 Divisionen und 24 Brigaden in der Mandschurei, 21 Divisionen und 20 Brigaden in China sowie 11 Divisionen und drei Brigaden in Südostasien. Hinzu kamen fünf Fliegerdivisionen der

Heeresflieger mit rund 1500 Flugzeugen. Motorisierung und Panzerkomponente der Verbände genügten nicht dem europäischen Standard.

Nippons Marine besaß 10 Schlachtschiffe, 10 Flugzeugträger, sechs Flugzeugmutterschiffe, 18 Schwere sowie 20 Leichte Kreuzer, 113 Zerstörer und 65 U-Boote, darunter 21 veraltete. Als leistungsstark galten die Marineflieger, die über annähernd 700 bord- und 1400 landgestützte Flugzeuge verfügten.

Das militärische Potential des Kaiserreichs stellt sich lediglich beim ersten Blick eindrucksvoll dar. Langfristige Bewertungen hätten nämlich zu berücksichtigen, dass Japan seinen Friedensbedarf an Rohöl, Eisenerz und Blei zu über 80 %, an Schrott, Zinn, Zink und Aluminium zu mehr als 50 %, an Kupfer und Stahl zu mindestens 33 % mit Einfuhren deckte. Eine solche Importabhängigkeit schränkte die operativen Möglichkeiten der japanischen Kriegsmaschine stark ein, weil es in einem langen Krieg schwer fallen würde, die Front zu nähren. Als die Inbesitznahme der südostasiatischen Rohstoffgebiete nicht zum erwarteten Ausgleich führte, lebte das Land, dessen Regierung leichtfertig von einem kurzen Krieg ausgegangen war und daher in Bezug auf die Einfuhrgüter keine ausreichenden Vorräte besaß, quasi von der Hand in den Mund.

Die Tatsache, dass amerikanische U-Boote und Flugzeuge in jedem Kriegsjahr mehr Handelsschiffe versenkten, als Japans Werften bauten, erschwerte die Lage zusätzlich. Nippon, das in Friedenszeiten ein Drittel der Importe auf fremden Schiffen transportierte, verfügte im Dezember 1941 über eine Handelsflotte von sechs Millionen BRT. Bis zum Kriegsende verlor es 259 Tanker und 2086 Frachtschiffe (8,6 Millionen BRT). Den Verlusten standen Neubauten mit 3,3 Millionen und Prisen mit

823 000 BRT gegenüber. Dem Inselreich drohte ein Desaster. In der Tat zählte der im Jahr 1945 einsetzbare japanische Frachtraum ganze 557 000 BRT. Hier ist darauf
hinzuweisen, dass von 1939 bis 1945 auf amerikanischen
Werften 5777 Handelsschiffe mit 40 Millionen BRT vom
Stapel liefen. Jenes Bauvolumen spricht für sich – verglichen mit den Aggressoren spielten die Vereinigten Staaten
strategisch in einer anderen Liga.

Japans Einfuhren von kriegswichtigen Rohstoffen aller
Art nahmen nach dem 7. Dezember 1941 situationsbe-
dingt drastisch ab. Tokyo sah sich schon 1942 mit erheb-
lichen Engpässen konfrontiert, sei es in der Rüstungspro-
duktion, sei es bei der Herstellung von Konsumgütern.
Gleichzeitig traten gravierende Defizite in der nationalen
Wirtschaftsorganisation zutage. Dass es dennoch gelang,
1943 und 1944 in einzelnen Bereichen, etwa bei der
Flugzeugfertigung, bemerkenswerte Steigerungsraten zu
erzielen, änderte im Grundsätzlichen nichts. Nippon fer-
tigte zwar von 1941 bis zum Kriegsende etwa 70 000
Flugzeuge jeder Art, aber wie bei der Werftkapazität
existierte hinsichtlich der Flugzeugherstellung eine erdrückende Überlegenheit der Vereinigten Staaten. Auf-
gerundet (vgl. auch die Zahlen im obigen «Exkurs
zum Bombenkrieg») lieferten von 1940 bis 1945 amerikanische Fabriken 300 000 Flugzeuge aus, sowjetische
147 000 und deutsche 109 600 – ein Beispiel unter vielen,
das zeigt, dass der Krieg durch die Einbeziehung der Vereinigten Staaten eine neue Dimension bekam. Der Ausbau
der amerikanischen Streitkräfte bestätigte dies.

Das Heer, das 1940 kaum 270 000 Mann zählte, die
sich auf 13 Divisionen und kleinere Einheiten verteilten,
war im Dezember 1941 noch weit entfernt von den unter
anderem geplanten 11 Armeen, 26 Armeekorps und
90 Divisionen (22 für den pazifischen und 68 für den

europäischen Kriegsschauplatz), einschließlich 16 Panzerdivisionen. Als Japan angriff, umfassten *US Army* und
US Army Air Force annähernd 1657000 Männer und
Frauen: 1303000 dienten in den Landstreitkräften und
davon 867000 in Erdkampfverbänden sowie deren Un-
terstützungstruppen. Ein Jahr später hatte sich der Personalbestand auf in etwa 5399000 Soldaten und Soldatinnen erhöht. Bis zum März 1945 wuchs er auf rund
8157000 Personen an, wovon ungefähr 5849000 zu den
Landstreitkräften und hiervon fast 2754000 zu den Erd-
kampf- sowie Unterstützungseinheiten gehörten.

Wie in Japan gab es in den Vereinigten Staaten keine
selbstständige Luftwaffe, vielmehr verfügten Heer und
Marine über Luftkomponenten. In den Reihen der *US
Army Air Force*, die sich maximal aus 16 Luftflotten zu-
sammensetzte, standen im Dezember 1941 bis zu 271000
Männer und Frauen, im März 1945 waren es rund
1831000. Im Kriege übernahm die Heeresluftwaffe circa
158800 Flugzeuge, darunter 51220 Bomber und 47050
Jäger. Bei 2363800 Einsätzen gingen 23000 Maschinen
verloren.

Die *US Navy* verfügte im September 1939 über 15
Schlachtschiffe, fünf Flugzeugträger, 18 Schwere und 19
Leichte Kreuzer, 61 U-Boote sowie zahlreiche Zerstörer
und Geleitfahrzeuge. Besagte Einheiten verteilten sich
auf die Pazifikflotte, die Asienflotte sowie das Atlantik-
geschwader (ab Februar 1941 Atlantikflotte), das am
5. September 1939 seine Patrouillenfahrten aufnahm. Zusammensetzung und Stärke der Flotten änderten sich
wiederholt. In der *US Navy* taten im Juli 1940 203127,
Ende 1941 bereits 486226 Mann Dienst: 383150 in
Land- und Bordkommandos, 75346 im Marinekorps
und 27730 in der Küstenwache. Bis zum August 1945
erhöhte sich die Gesamtzahl der Marineangehörigen auf

4 064 455, wovon 485 833 zum Marinekorps und 170 275 zur Küstenwache gehörten.

Vom 1. Juli 1940 bis zum 31. August 1945 bauten US-amerikanische Werften für die *Navy* 74 896 Schiffe und Boote. Darunter befanden sich 10 Schlachtschiffe, 27 Flugzeugträger, 111 Geleitflugzeugträger, 47 Kreuzer, 874 Zerstörer, 217 U-Boote sowie 66 055 Landungsschiffe und -boote. Zudem erhielt die Marineluftwaffe im gleichen Zeitraum 75 000 Flugzeuge, ihr Personalbestand stieg von 10 923 auf 437 524 Männer und Frauen an.

Die Pazifikflotte umfasste im Dezember 1941 acht Schlachtschiffe, drei Flugzeugträger, 21 Kreuzer, 67 Zerstörer und 27 U-Boote; zur Asienflotte gehörten drei Kreuzer, 13 Zerstörer, zwei Tender (Seeflugzeuge), sechs Kanonen- sowie 29 U-Boote. Hinzu traten zwei Schlachtschiffe, 17 Kreuzer und sechs Zerstörer Großbritanniens samt der Dominions sowie drei Kreuzer, sieben Zerstörer und 15 U-Boote der Niederlande.

Für eine erfolgversprechende Verteidigung erschienen die in Ostasien dislozierten amerikanischen, britischen sowie niederländischen Land- und Luftstreitkräfte unzureichend. Zwar konnte der Angreifer bei der Südexpansion bloß 11 Divisionen einsetzen, aber diese besaßen Kampferfahrung, und seine Flugzeuge beherrschten den Luftraum im Operationsgebiet. Im Wesentlichen fußte Japans Militärstrategie, die weder die Deutschen noch die Italiener kannten, auf einer genauen Zeit-Raum-Schwerpunkt-Planung sowie der Nutzung des Überraschungsmoments. Trotz des begrenzten Angriffspotentials hoffte Tokyo, seine Kriegsziele auf solche Weise erreichen zu können.

Die Hauptoffensive richtete sich gegen die unter amerikanischem Protektorat stehenden Philippinen und British-Malaya. Parallel dazu sollten Hongkong, die Gilbert-

Inseln, der Bismarck-Archipel und die Inseln Wake sowie
Guam besetzt werden. Anschließend wollte man Burma
und Niederländisch-Indien angreifen. Japans Anfangser-
folge übertrafen die schlimmsten Befürchtungen. Zehn
Stunden nach Pearl Harbor war, begünstigt durch Fehler
der lokalen amerikanischen Führung, die Hälfte der Flugzeuge auf den Philippinen zerstört. Am 8. Dezember begann die fast kampflose Besetzung Thailands. Gleichzeitig
landeten japanische Einheiten an Malayas Ostküste, manövrierten ihren numerisch überlegenen Gegner geschickt
aus und besetzten das Land. Singapur, die angeblich un-
einnehmbare Festung kapitulierte am 15. Februar 1942 –
eine der schwersten Niederlagen in der britischen Mili-
tärgeschichte. Etwa 70 000 Mann gerieten in Kriegsgefangenschaft.

Auf den Philippinen landeten erste Invasionstruppen
am 10. Dezember, zwölf Tage später ging das Gros der
Angreifer an Land. Rund 50 000 japanische trafen auf
ungefähr 29 000 amerikanische und 80 000 philippinische
Soldaten. Im Februar 1942 trat eine Kampfpause ein.
Aber nach der Kapitulation von Niederländisch-Indien
am 8. März suchten Nippons Streitkräfte auf den Philippinen die Entscheidung. Die Masse der Verteidiger legte
am 9. April die Waffen nieder, letzte Kontingente ergaben
sich am 6. Mai und 9. Juni.

Schon Ende April 1942 eroberten die Japaner die Stadt
Lashio, einen Endpunkt der Burmastraße. Sie unterbrachen damit die bedeutendste Landverbindung für Chiang
Kaisheks Nachschub aus westlichen Ländern. Die circa
12 000 Mann zählenden britischen Truppen zogen sich
zurück, ihre Führung stellte sich auf die Verteidigung
Indiens ein. Japan, das allein auf der Insel Wake vorüber-
gehend einen Rückschlag erlitt, hatte im Juni 1942 seine
mittelfristigen Ziele erreicht.

Das Kaiserreich verfügte nunmehr über die angestrebte Rohstoffbasis und wollte zur strategischen Defensive übergehen, um seinen Machtbereich zu konsolidieren. Dieser erstreckte sich von den Aleuten bis Java über eine Entfernung von 9500 km und maß von Burma bis zu den Gilbert-Inseln 8400 km. Nur dachten die Alliierten nicht daran, sich mit Tokyo zu arrangieren. Dass Washington Ende Februar 1942 in Ostasien die nahezu uneingeschränkte Führung in der *Grand Alliance* übernahm, wies auf Kampfentschlossenheit hin. Gleichzeitig wurde der pazifische Kriegsschauplatz in zwei große Operationsgebiete eingeteilt. Das eine, *South-West Pacific Area*, unterstand General Douglas MacArthur, das andere, *Pacific Ocean Areas*, Admiral Chester William Nimitz. Beiden lag vor allem daran, weitere Invasionen zu verhindern. Das gelang erstmals im Mai in der See-Luft-Schlacht im Korallenmeer (4. bis 8.5.42), die operativ gesehen eine Premiere in der Seekriegsgeschichte darstellte. Ihr Verlauf machte es den Japanern, die bereits die Nordküste Neuguineas kontrollierten, unmöglich, Truppen bei Port Moresby im Südosten der Insel anzulanden.

Anfang Juni 1942 brach die *US Navy* der japanischen Marine bei Midway sozusagen das Rückgrat. Die Insel sollte wie die Aleuten zum Schutz der Ostflanke des Mutterlands und im Hinblick auf eine von der Marineführung insgeheim geplante Landung auf Hawaii besetzt werden. Außerdem beabsichtigte der Flottenchef, Admiral Isoroku Yamamoto, dem Gegner auf See eine entscheidende Niederlage beizubringen. Nach dem Scheitern des Vorhabens, bei dem Nippon vier Flugzeugträger einbüßte, sah sich das Land außerstande, im mittleren Pazifik weiträumige Angriffsoperationen durchzuführen.

Acht Wochen nach ihrem Erfolg landeten die Amerikaner am 7. und 8. August auf Guadalcanal sowie auf vier

anderen Inseln der Salomonen-Gruppe. Mit der Offensive
bezweckten sie, die Bedrohung der Seeverbindungen nach
Australien zu beseitigen. Für Japan erwuchs daraus die
Gefährdung seines südlichen Defensivgürtels und seiner
langfristigen, expansiven Australien-Strategie. Nicht zuletzt deshalb entwickelte sich das Ringen um Guadalcanal
zu einem sehr verlustreichen triphibischen Abnutzungs-
kampf. Als Tokyo ab dem 1. Februar 1943, einen Tag be-
vor die letzten Teile der deutschen 6. Armee in Stalingrad
den Kampf einstellten, seine Truppen evakuierte, war der
japanische Vormarsch überall zum Stillstand gekommen.
Der Abwehrerfolg von Midway und der Sieg auf Guadalcanal markieren die Zeitspanne, in der die Alliierten in
Ostasien die Oberhand gewannen. Ende 1942 sprachen
selbst führende Japaner von der Überforderung der eigenen Kräfte.

6. Gräuel des Krieges im Fernen Osten

Spätestens seit Guadalcanal kennzeichnete der Grundsatz
«Töten oder getötet werden» das Verhalten vieler in Ostasien kämpfender Männer. Die Rede ist von einem Krieg,
den Japans Soldaten seit 1931 schonungslos gegen sich
selbst, aber zugleich mit unvorstellbarer Brutalität, ja
bestialischer Grausamkeit in Bezug auf ihren «Feind»
und die Zivilbevölkerung führten. Anders als in Europa
ging es im Fernen Osten weder um die Ausrottung einer
bestimmten ethnischen Gruppe noch handelte es sich um
einen von der Staatsführung befohlenen Vernichtungskrieg. Die kaiserlichen Streitkräfte praktizierten letzteren
vielmehr ganz selbstverständlich, obwohl alle Militärper-
sonen die «Regeln für den Felddienst» bei sich trugen. Sie
verpflichteten, wie die «Zehn Gebote für die Kriegfüh-

rung des deutschen Soldaten», die jeder Wehrmachtangehörige in den Händen hielt, zu völkerrechtskonformem
Verhalten. Doch in einem Konflikt, in dem die Kontra-
henten zunehmend rassistisch motiviert verfuhren, fanden
derartige Weisungen offenbar wenig Beachtung. Nicht
Menschen, sondern «weiße» und «gelbe Bastarde» sowie
«Teufel» und «Halbaffen» bekämpften sich. Solche Her-
absetzung schuf psychologische Distanz, machte den
Gegner auch im Fernen Osten zum «Untermenschen».
Seine Tötung erfolgte skrupellos, mitunter gar lustvoll
sowie zum Sport, wenn etwa zwei japanische Offiziere
öffentlich miteinander wetteiferten, wer von beiden
schneller 150 Chinesen mit dem Samuraischwert zu töten
vermochte.

Dass amerikanische und ihnen verbündete Truppen
den Japanern ihre Kriegspraxis mit gleicher Münze heim-
zahlten und zum Beispiel keine Kriegsgefangenen machten, ist ebenso nachvollziehbar wie die Unbarmherzig-
keit, mit der Soldaten der Roten Armee gegenüber der
deutschen Zivilbevölkerung auf die von Männern der
Wehrmacht, der Polizei und der SS in der Sowjetunion
begangenen Scheußlichkeiten antworteten. Und doch
stellten derartige Reaktionen durch nichts zu beschöni-
gende oder relativierende Kriegsverbrechen dar. Dies gilt
ebenfalls für den oft rachgierigen, nicht selten mörderi-
schen Umgang mit der deutschen Minderheit in befreiten
Ländern.

Die von Japanern verübten Gräueltaten umfassten
Misshandlung und grausame Tötung von Kriegsgefangenen, systematisches Foltern, Deportation zur Zwangsarbeit sowie Vertreibung. Hinzu kam die so genannte
Landbefriedung in China. Ein Euphemismus, hinter dem
sich die antikommunistisch begründete Terrorisierung der
Kleinbauern verbarg. Die kaiserliche Soldateska verfuhr

nach dem Prinzip: «Alles töten, alles verbrennen, alles zerstören», was Plünderungen einschloss. Während einer «Bestrafungsoperation» in zwei chinesischen Provinzen ermordete das Militär 1942 über 250000 Zivilisten. In Nordchina brachte es 2,3 Millionen Landesbewohner um. Gesprochen wird aber auch von 19 Millionen Toten sowie Flüchtlingen. Zu den übelsten Verbrechen japanischer Uniformträger zählt der organisierte, viehische sexuelle Missbrauch von in etwa 200000 nichtjapanischen Frauen. Ein international besetztes Frauenkriegsgericht, das von Japan eine offizielle Entschuldigung und finanzielle Entschädigung für die Opfer verlangte, erkannte im Dezember 2000 in Tokyo darauf, dass der 1989 verstorbene Kaiser Hirohito an der millionenfachen Vergewaltigung zumindest moralische Schuld trage.

Nicht weniger verabscheuungswürdig sind die vom berüchtigten «Bataillon 731» durchgeführten Menschenversuche, die der Vorbereitung chemischer Kriegführung dienten. Über 3000 Asiaten, vom Säugling bis zum Greis, wurden dabei anscheinend bedenkenlos getötet.

Nippon säte Tod und Gewalt sowohl unter seinen Gegnern als auch den Völkern, die es mit der «Neuen Ordnung», der «Großostasiatischen Wohlstandssphäre» angeblich von der Kolonialherrschaft zu befreien beabsichtigte. In Wirklichkeit, das mussten die Betroffenen schmerzvoll erfahren, wollte Tokyo an die Stelle der europäischen Mächte treten. Rassistische Arroganz und grenzenlose Brutalität machten die Japaner bald allgemein verhasst. Ihre wahre Einstellung zu den anderen Asiaten manifestierte sich in dem verbreiteten Hang, sie körperlich zu züchtigen. Eine kulturpolitische, panasiatische, antiimperialistische, die japanische geistige Überlegenheit hervorhebende Werbekampagne des Ministeriums für Großostasien täuschte allenfalls kurzzeitig über das tatsächliche Wesen der propagierten «Neuen Ordnung» hinweg. Nach verhältnismäßig kurzer Zeit folgte den Anfangssympathien nationalistischer Kreise eine ablehnende beziehungsweise oppositionelle Einstellung zur Besatzungsmacht.

Es spricht Bände, dass wegen der katastrophalen Arbeitsbedingungen für Zwangsarbeiter in Japan beispielsweise von rund 670000 dort zwischen 1939 und 1945 ausgebeuteten Koreanern circa 60000 starben, von 42000 Chinesen nach zwei Jahren nur 31000 zurückkehrten, und von den beim Bau der Burma-Thailand-Eisenbahn eingesetzten 300000 asiatischen Arbeitssklaven in einem einzigen Jahr 60000 umkamen. Bei der Realisierung dieses Projekts verloren im Übrigen 15000 angloamerikanische Kriegsgefangene ihr Leben.

Die Gesamtzahl der zivilen Opfer japanischer Besatzungsherrschaft in China und Südostasien beläuft sich auf deutlich mehr als 14 Millionen Menschen. Zu diesen gehörten 5000 Chinesen, die der entfesselte uniformierte Pöbel in Singapur genauso willkürlich ermordete wie Ärzte, Schwestern und Patienten in den Krankenhäusern der Stadt. Gleiches geschah in Hongkong, wo das militärische Gesindel aus dem Kaiserreich außer 50 gefangenen britischen Offizieren und Mannschaften auch zuvor vergewaltigte Nonnen vor aller Augen niedermetzelte. In Malaya hängten die Japaner gefolterte Engländer, denen sie die abgeschnittenen Genitalien in den Mund steckten, öffentlich an Bäumen auf. Und beim fürchterlichen Bataan-Todesmarsch (Philippinen) im April 1942 machten sie Hunderte von Kriegsgefangenen sadistisch mit dem Bajonett nieder.

Diese wenigen Beispiele, die das Kriegsgeschehen in Ostasien charakterisieren, ließen sich beliebig ergänzen. Nur dürfte es wohl nie möglich sein, eine zuverlässige

Statistik der von japanischen Soldaten begangenen Gräuel
zu erarbeiten und dabei zugleich die Täter sowie die Ver-
antwortlichkeiten zu definieren. Gleichwohl besteht in
der Forschung Konsens darüber, dass das, was bis heute
an Undenkbarem bekannt ist, in aller Regel den Tatsa-
chen entspricht.

7. Wechsel der militärischen Initiative
in Europa und Afrika

Seit dem 18. Januar 1942 bildete der 70. Längengrad Ost
die offizielle Trennlinie zwischen der deutsch-italienischen
und der japanischen Operationssphäre. Dass es ansonsten
zu keiner abgestimmten Strategie kam, vermag aufgrund
der unterschiedlichen Kriegsziele der Achsenmächte sowie
der japanisch-sowjetischen Beziehungen nicht wirklich zu
überraschen.

Hitler beharrte auf dem Primat des Ostkriegs und
schloss die Schwerpunktbildung im Mittelmeer, die sich
an der Kriegführung gegen Großbritannien im vorder-
asiatischen und indischen Raum orientiert hätte, vor dem
Sieg über Stalin aus.

Kontakte zu Subhas Chandra Bose, einem england-
feindlichen Führer indischer Nationalisten, sowie zu
Raschid Ali al-Gailani, dem nach seinem Putschversuch
geflüchteten irakischen Ministerpräsidenten, und zu
Mohammed Haj Emin el Husseini, dem Großmufti von
Jerusalem (die beiden letzteren versuchten, vom Reich aus
in den arabischen Ländern Propaganda für die *Achse* zu
machen), änderten an jener Einstellung nicht das Gerings-
te. Die am 3. Juli 1942 verlautbarte deutsch-italienische
«Ägypten-Erklärung», die von der Okkupation des Landes ausging, setzte ebenfalls keine neuen Akzente. Von

selbst versteht sich, dass ein deutsch-sowjetischer Separatfrieden, den Rom, Tokyo und (indirekt) Moskau seit dem
zweiten Halbjahr 1942 wiederholt thematisierten, bei
Hitler ohne Chance blieb.

Am 5. April erließ dieser die Weisung Nr. 41 für die
Sommeroffensive 1942, Deckname «Blau», in der er
den «Abwehrerfolg» in der «Winterschlacht» feierte und
die Erschöpfung des Gegners betonte. Doch Stalin verfügte im Juni, als «Blau» begann, über 5,5 Millionen im
Einsatz befindliche Soldaten, und die dem Oberkommando, der *Stavka*, unterstellten Reserven umfassten zehn
Feldarmeen sowie eine Panzerarmee. Gewiss, die Winter-
kämpfe hatten auch die sowjetischen Truppen erheblich geschwächt, aber beim Ostheer, das Anfang Juni
2,75 Millionen deutsche und eine Million verbündete
Soldaten zählte, bewirkten die 1941/42 erlittenen Verluste, dass Ende März von 162 Divisionen nur acht für
«alle Aufgaben geeignet» erschienen, weshalb nicht an
der gesamten Ostfront angegriffen werden konnte. Ganz
allgemein und besonders nach der Ernennung von Albert
Speer zum Reichsminister für Bewaffnung und Munition
(er folgte im Februar 1942 dem tödlich verunglückten
Fritz Todt nach) war zwar davon auszugehen, dass sich
die Situation bis zum Operationsbeginn deutlich verbessern würde. Volle Kampfkraft und Beweglichkeit konnten
die angeschlagenen Verbände bis dahin freilich nicht wie-
dererlangen.

Speer, aufgrund seiner Vollmachten eine Art Wirt-
schaftsdiktator, versuchte, die Produktion durch Rationa-
lisierung zu intensivieren. Tatsächlich erreichte er mittels
organisatorischer Maßnahmen, die sich an den Führungs-
prinzipien des liberalen Wirtschaftssystems orientierten
und die ineffiziente Kommandowirtschaft überwanden,
dass die Rüstungsindustrie, trotz Bombenkrieg und sich

zuspitzender Versorgungslage, Mitte 1944 die höchsten Ausstoßzahlen bei der Fertigung von Panzern, Kraftfahrzeugen, Flugzeugen, Schiffen und Munition meldete. Eindrucksvoll, wobei die Zwangsarbeiter nicht vergessen werden dürfen! Andererseits genügte das nach dem Scheitern von «Barbarossa» Produzierte nicht einmal, um die Verluste wettzumachen; ganz zu schweigen von der Notwendigkeit, die eigene Schlagkraft zu erhöhen, sofern die Wehrmacht mit den Gegnern Schritt halten wollte. Ein Blick in die Statistiken für die gesamtwirtschaftliche Leistungsfähigkeit, das Produktionsvolumen der Rüstungsbetriebe und die Rohstoffreserven der am Krieg beteiligten Großmächte zeigt, wie trostlos sich die Lage der Aggressoren effektiv darstellte.

Laut seiner Weisung Nr. 41 plante Hitler, im Jahr 1942 die den «Sowjets noch verbliebene lebendige Wehrkraft endgültig zu vernichten und ihnen die wichtigsten kriegswirtschaftlichen Kraftquellen so weit als möglich zu entziehen». Dabei erwies es sich als günstig, dass Stalin aufgrund des Verhaltens der Heeresgruppe Mitte einen Angriff auf Moskau erwartete und daher auf das an sich vorgesehene offensive Vorgehen verzichtete. Ansonsten sollten sich die Divisionen im Nord- und Mittelabschnitt der Front überwiegend ruhig verhalten. Alle «greifbaren Kräfte» mussten an die vom Zusammenfluss der Trudy und Sosna bis Taganrog am Azov'schen Meer und sodann zur Krim verlaufende Südfront verlegt werden. Die deutsche Führung beabsichtigte, über den Don in den kaukasischen Raum mit seinen Erdölfeldern – bis zur türkischen und iranischen Grenze – einzudringen. Dass sich die Hauptoperation des Sommers 1942 wegen beschränkter Kräfte und Mittel sowie der Transportbedingungen nur durchführen ließ, wenn die Armeen etappenweise operierten und andere Fronten entblößten, deutet das große Risiko an, das die Angreifer in Kauf nahmen.

Seit dem 8. Mai liefen einige kleinere Unternehmen wie die Rückeroberung der Halbinsel Kertsch (169 000 sowjetische Gefangene). Es gelang, die Ausgangslage für die Sommeroffensive zu verbessern, wobei es bei Char'kov zur letzten großen sowie erfolgreichen Kesselschlacht des Ostheers kam (239 000 gefangene Rotarmisten). Und Anfang Juli befand sich die gesamte Krim in deutscher Hand.

Am 28. Juni trat die Armeegruppe v. Weichs – 4. Panzerarmee, 2. Armee und ungarische 2. Armee – südlich Livny auf einer Frontbreite von 120 km zur Operation «Blau» an, die zwei Tage später «Braunschweig» hieß. Südlich anschließend ging die 6. Armee am 30. Juni in einem über 200 km breiten Frontabschnitt in die Offensive. Die Truppen kamen gut voran und erreichten ausnahmslos die geographischen Ziele von «Blau I», doch sie konnten den Gegner, der großräumige Ausweichbewegungen durchführte, nicht vernichtend schlagen. Dies, und nicht Stalins bereits am 16. August 1941 erlassene Weisung, Soldaten, die sich in Gefangenschaft begaben, wie Verräter zu behandeln, erklärt, dass die Armeegruppe v. Weichs ganze 73 000 Kriegsgefangene einbrachte.

Mit der Operation «Clausewitz» sollte das Versäumte nachgeholt werden. Als sie am 9. Juli mit dem Vorstoß der 1. Panzerarmee beiderseits Lisicansk begann, war die Heeresgruppe Süd geteilt in die Heeresgruppe A (Generalfeldmarschall Wilhelm List) und die Heeresgruppe B (Generalfeldmarschall v. Bock). Erstere verfügte über die 11. und 17. Armee, die 1. Panzerarmee, die italienische 8. und rumänische 3. Armee. Zu letzterer gehörten die Einheiten der Armeegruppe v. Weichs sowie der 6. Armee.

Erneut gewannen die Angreifer rasch Raum und verlegten die Front westlich des Don 160 km nach Süden. Aber es glückte ihnen wiederum nicht, die ausweichende Rote Armee aufzureiben. «Clausewitz» endete somit als Fehlschlag: Bock verlor die Gnade seines «Führers» und am 13. Juli auch das Kommando. Dieses übernahm Generaloberst Maximilian Freiherr von und zu Weichs an der Glon. Dennoch gab sich Hitler, der den klugen Rückzug der Sowjets als Flucht missverstand, völlig siegessicher und befahl umgehend das Antreten der 1. und 4. Panzerarmee sowie der abgekämpften 17. Armee in Richtung Rostov. Durch ein weites Umfassungsmanöver wollte er verhindern, dass Stalins Heeresgruppe Süd über den Don entkam. Die 6. Armee rückte unterdessen zügig gegen das 160 km entfernte Stalingrad vor.

Rostov fiel schon am 23. Juli, und doch zu spät! Der Gegner entzog sich nämlich einmal mehr der Vernichtung. Lediglich Nachhuten gerieten in deutsche Kriegsgefangenschaft. Dessen ungeachtet behauptete Hitler, die in der Weisung Nr. 41 gesteckten Ziele seien «im wesentlichen erreicht» worden. Noch am selben Tag gab er die Weisung Nr. 45 für die Fortsetzung der Operation «Braunschweig» heraus. Anders als bislang geplant wurde nun statt des Nacheinanders der Operationen eine zeitgleiche doppelte Offensive befohlen. Während die Heeresgruppe A die Ostküste des Schwarzen Meeres, die Ölfelder von Majkop, Groznyj und Baku (1200 km südöstlich von Rostov) besetzen sollte, oblag es der Heeresgruppe B, die Verteidigung am Don aufzubauen, Stalingrad einzunehmen und entlang der Volga bis Astrachan am Kaspischen Meer vorzustoßen.

Das Aufsplittern der Kräfte verursachte bald Versorgungsengpässe, besonders bei Treibstoff und Munition. Ungeachtet solcher Schwierigkeiten besetzte die Heeres-

gruppe A am 9. August Majkop und am 1. September
überschritt sie den Terek im Kaukasus, wo der Vormarsch
vor Ordzonikidze stecken blieb. Es kam daraufhin in der
deutschen Führung zu einer schweren Krise. Hitler erwog, Generalfeldmarschall Wilhelm Keitel (Chef des
Oberkommandos der Wehrmacht) und seinen engsten
militärischen Berater, General der Artillerie Alfred Jodl
(Chef des Wehrmachtführungsstabs), zu entlassen. Doch
dann musste Generalfeldmarschall List den Sündenbock
abgeben. Hitler enthob ihn seines Kommandos und führte die Heeresgruppe A vom 9. September bis zum 22. November 1942, an dem er Generaloberst Ewald v. Kleist
zum Oberbefehlshaber ernannte, persönlich.

Am Ende scheiterte die Kaukasusoperation «Braunschweig». Weder die Inbesitznahme der Schwarzmeerküs-
te südöstlich von Novorossijsk noch das Herankämpfen
ans Kaspische Meer glückte. Die Deutschen konnten bes-
tenfalls versuchen, erreichte Positionen zu halten. Fürs
Erste entließ der «Führer» am 24. September 1942 Generaloberst Halder, zum Generalstabschef des Heeres machte er den General der Infanterie Kurt Zeitzler.

Bereits am 19. August 1942 befahl General Friedrich
Paulus der 6. Armee den Angriff auf Stalingrad. Gegen
harten Widerstand der Verteidiger eroberten seine Truppen und ihre Verbündeten bis Ende Oktober etwa 90 %
der Stadt. Aber als die Rote Armee am 19. November zur
Gegenoffensive antrat, schlossen drei Heeresgruppen binnen vier Tagen etwa 250000 Mann der 6. Armee mit einer perfekten Umfassungsoperation zwischen Don und
Volga im Raum Stalingrad ein. Hitler untersagte den von
General Paulus am 23. November erbetenen Ausbruchs-
versuch der Armee, und so begann ein wochenlanges,
elendigliches Sterben, verursacht durch Hunger, Kälte,
Krankheit sowie «Feindeinwirkung». Die am 21. Novem-

ber aus dem Armeeoberkommando 11 gebildete und von
Generalfeldmarschall Erich v. Manstein geführte Heeresgruppe Don (Armeegruppe Hoth mit der 4. Panzerarmee
und der rumänischen 4. Armee, Angriffsgruppe Hollidt
[XVII. Armeekorps], 6. Armee und rumänische 3. Armee),
welche die Lage vor dem 19. November wiederherstellen
sollte, wurde zwischen den Heeresgruppen A und B ein-
geschoben, vermochte das Blatt aber nicht mehr zu wen-
den.

Am 31. Januar beziehungsweise 2. Februar 1943 streck-
ten die im Kessel befindlichen Truppen ohne förmliche
Kapitulation die Waffen. Von etwa 195 000 Wehrmacht-
angehörigen hatte die Luftwaffe bis dahin 25 000 ausge-
flogen, 60 000 waren gestorben und 110 000 marschierten in eine Kriegsgefangenschaft, aus der anscheinend
kaum mehr als 5000 heimkehrten.

Von Stalins Standpunkt aus betrachtet leitete der innen-
und außenpolitisch wichtige Sieg an der Volga die Kriegsentscheidung im Osten ein. Die sowjetischen Streitkräfte
warfen die Aggressoren vom Dezember 1942 bis zum
April 1943 an der Südfront zuerst über den Don nach
Norden und sodann über den Donec nach Westen auf
eine Verteidigungslinie zurück, die nördlich von Belgorod
– im Bereich des bis zu 190 km breiten Kursker Front-
bogens – 140 km westlich der Ausgangsstellung für die
Operation «Blau» verlief. Zudem zwang der Kräfteman-
gel die Heeresgruppen Mitte und Nord zu Frontbegradigungen. Sie räumten daher die nach Osten gerichteten
Frontvorsprünge bei Vjaz'ma und Rzev (150 km tief und
200 km breit) sowie bei Demjansk (100 km tief und 40 km
breit). Ferner gelang es der Roten Armee, im Januar
1943 eine Landverbindung zum schwer geprüften Leningrad herzustellen. Ein Jahr später befreiten die Sowjets
die Stadt.

*Das Ringen um Stalingrad, dessen Ausgang die These von der
strategischen Wende vor Moskau im Winter 1941/42 bestätigt, ist
am 2. Februar 1943 zu Ende. Die halb verhungerten, ausgezehrten
Überlebenden der 6. Armee begeben sich unter schwierigsten
Bedingungen auf den Weg in die Kriegsgefangenschaft.*

126 Werden und Wesen des Weltkriegs

Dass die Linienführung der Südfront von Belgorod bis Taganrog im April 1943 ungefähr derjenigen Ende Juni 1942 entsprach, verdankte das NS-Regime Stalins Führungsfehlern und Generalfeldmarschall v. Manstein, Oberbefehlshaber der Heeresgruppe Süd (bis zum 12. Februar 1943 «Don»). Ihm gelang es, die ins Rutschen gekommene Front im Februar und März durch seinen Gegenschlag am Donec zu festigen. Ein beeindruckender operativer Erfolg, der jedoch die strategische Lage in keiner Weise veränderte. Und anders als von Manstein behauptet, gewann Hitler dadurch weder die Initiative zurück noch hätte er Ende März 1943 mit Stalin auf Augenhöhe verhandeln können.

Es kam hinzu, dass Italien, Hitlers europäischer Hauptverbündeter, im Anschluss an die von Dezember 1942 bis Februar 1943 dauernde mörderische zweite Schlacht am Don, als die dezimierte Front jeden Mann benötigte, seine Streitkräfte aus der Sowjetunion, wo die italienische 8. Armee ungefähr 90 000 Tote und Vermisste zurückließ, in die Heimat verlegte – ein warnendes Vorzeichen für das Achsenbündnis.

Die Niederlage von Stalingrad wirkte sich für die Nazis auch im Innern nachteilig aus. Das Regime stand angeschlagen da. Es kam zu einer Vertrauenskrise, der Glaube an den «Führer» wankte, sein Mythos bröckelte. Doch am Ende blieb Hitlers Herrschaft ungefährdet. Die Masse der Volksgenossen wollte die Hoffnung auf eine Wende nicht aufgeben, trotz, vielleicht auch gerade wegen der bis Ende Januar 1943 fast einer Million an der Ostfront gefallenen Deutschen.

Goebbels griff jedenfalls mit Propagandatricks wie seiner Rede im Berliner Sportpalast (18. 2. 43) nicht überall ins Leere. Um die psychologischen Auswirkungen der Katastrophe an der Volga zu begrenzen und zugleich die

Nation zu äußerster Opferbereitschaft zu bewegen, verkündete er den – effektiv nie verwirklichten – «totalen
Krieg».

Parallel zum Debakel von Stalingrad bahnte sich in
Nordafrika die Entscheidung an. Dort hatte Rommel
Ende August 1942 noch einmal versucht, die britische
Verteidigung bei El-Alamein zu durchbrechen, um nach
Ägypten vorzustoßen. General Bernard Law Montgome-
ry, damals Oberbefehlshaber der britischen 8. Armee und
durch ULTRA im Detail über alle Absichten seines Geg-
ners unterrichtet, verhinderte das erfolgreich.

Am 23. Oktober gingen die an Männern, Waffen und
Material hoch überlegenen Briten zur Gegenoffensive
über. Als der «Deutsch-Italienischen Panzerarmee» die
Umfassung drohte, befahl Rommel am 4. November,
entgegen Hitlers Halte-Order, den generellen Rückzug.
Dieser kam nach dem für Italien niederschmetternden
Verlust von Tripolis (23.1.43) erst Ende Februar in
der circa 35 km breiten Mareth-Stellung in Südtunesien
zum Stehen. Ab dem 10. März führte Generaloberst
Hans-Jürgen v. Arnim für den erkrankten Generalfeldmarschall Rommel die am 23. Februar 1943 aufgestellte
«Heeresgruppe Afrika» (5. Panzerarmee und italienische
1. Armee).

Inzwischen war – vom 5. Mai bis zum 5. November
1942 (mit Kampfpausen) – die durch Vichytreue Einheiten verteidigte Insel Madagaskar von den Engländern, die
dort eine japanische Invasion befürchteten, erobert worden. Wenig später, am 8. November, landeten angloamerikanische Streitkräfte unter dem Oberbefehl des
amerikanischen Generals Dwight D. Eisenhower in der
Nähe von Casablanca, Oran sowie Algier. Bei der Operation, Deckname «Torch», setzten die Alliierten 107 000
Mann ein, davon 63 000 Landungstruppen mit 430 Pan-

zern. Der Antransport aus Häfen in den Vereinigten
Staaten und in Großbritannien erfolgte auf 370 Handels-
schiffen, geschützt von 300 Kriegsschiffen. Nach erbitterten Kämpfen vereinbarten Alliierte und Franzosen am
10. November die Feuereinstellung.

«Duce» und «Führer», die sich in Nordafrika in einen
Zweifrontenkrieg verwickelt sahen, antworteten am
11. November mit dem Einmarsch ins unbesetzte Frankreich, der Okkupation Korsikas und der Entwaffnung des
Waffenstillstandsheeres. Die in Toulon internierte französische Flotte versenkte sich am 27. November bei einem
deutschen Zugriffsversuch selbst. In der Folgezeit verkam
die Regierung in Vichy praktisch zur Marionette des Dritten Reichs.

Außerdem schickten sich Deutsche und Italiener seit
dem 9. November 1942 an, mit der erpressten Zustim-
mung Pétains in Tunesien einen Brückenkopf zu bilden.
Hitler hoffte, aus demselben später wieder offensiv werden zu können. Ein, angesichts der angloamerikanischen
See- und Luftherrschaft im Mittelmeerraum, aussichts-
loses Unterfangen. Der Brückenkopf ließ sich nicht einmal ausreichend versorgen. Am 13. Mai kapitulierten in
ihm die letzten Soldaten der *Achse*, 130000 Deutsche
und 120000 Italiener begaben sich in Kriegsgefangenschaft. Die Alliierten beherrschten fortan unangefochten
die nordafrikanische Gegenküste, und in Europa kündigte sich die «zweite Front» an.

Letztere bildete ein zentrales, bei den Sowjets zu Misstrauen führendes Problem in der *Grand Alliance*. Die
Operation «Torch», auf die sich Briten und Amerikaner
Ende Juli 1942 einigten, und über die Churchill einen
skeptischen Stalin Mitte August 1942 in Moskau unter-
richtete, bedeutete eine Zwischenlösung, die zweifellos
den britischen, aber viel weniger den sowjetischen Inte-

ressen im Mittelmeerraum entsprach. Roosevelt, der sich
Stalin gegenüber im Wort fühlte und den zudem die Sorge
wegen eines deutsch-sowjetischen Sonderfriedens belaste-
te, vermochte sich 1942 gegen Churchill und dessen militärische Ratgeber noch nicht durchzusetzen. Er hätte
ebenso wie seine Heeresführung die «zweite Front» in
Nordfrankreich, in Form eines robusten Brückenkopfs,
gerne schon 1942 eröffnet. Eine Landungsoperation im
großen Stil strebten die amerikanischen Politiker und
Militärs damals für das Jahr 1943 an.

Auf der Konferenz von Casablanca, Deckname «Symbol» (14. bis 26.1.43), an der Roosevelt und Churchill
sowie die Stabschefs teilnahmen, folgte man bezüglich
der Kriegführung nach «Torch» insgesamt wiederum der
Mittelmeerstrategie des Premiers. Im Einzelnen wurden
verbindlich vereinbart: Invasion in Sizilien 1943, wobei
die Frage des Übersetzens auf das italienische Festland
noch offen blieb, Landung in Nordfrankreich 1944,
Ausweitung des Bombenkriegs durch amerikanische Tag-
angriffe gegen strategisch wichtige Ziele und Intensivierung der U-Boot-Abwehr in der Atlantikschlacht. Als
direkte Folge des Kriegseintritts der Vereinigten Staaten
hatte die Kriegsmarine 1942 zwar noch einmal enorme
Versenkungserfolge erzielt, aber im Mai 1943 musste sie
den U-Boot-Krieg im Nordatlantik wegen unerträglicher
Bootsverluste abbrechen. Deutschlands U-Boot-Kriegfüh-
rung steckte in einer schweren Krise, die sie bis 1945
nicht überwand. Die Ergebnisse verzweifelter Rüstungs-
anstrengungen und die Entwicklung von U-Booten mit
verbesserten, freilich noch lange nicht ausgereiften Unter-
wasser-Kampf-Eigenschaften ließen Hitler im Februar
1945 dennoch annehmen, dass der von ihm und Großadmiral Dönitz erwartete neue U-Boot-Krieg die strategische Gesamtlage entscheidend verändern würde – nur

konnte der Oberbefehlshaber der Kriegsmarine die Probe
aufs Exempel nicht mehr machen, denn das Dritte Reich
kollabierte vorher.

Mit Casablanca setzte auch der Planungsprozess für die
Gegenoffensive im Fernen Osten ein. Hierbei unterstellten
die amerikanischen Strategen zunächst, dass die Invasion
in Japan unbedingt Stützpunkte auf dem chinesischen
Festland verlangte. Ein paar Wochen später, als sich
Roosevelt und Churchill zwischen dem 12. und 25. Mai
1943 in Washington trafen (Deckname der Konferenz
«Trident»), schlossen die Spitzenmilitärs allerdings nicht
mehr aus, dass bereits die alliierte Kontrolle des westlichen Pazifik Japan zur Kapitulation zu zwingen ver-
möchte. Die Landung auf den japanischen Hauptinseln
hätte sich dann erübrigt.

Das politisch folgenschwerste Resultat des Treffens in
Casablanca bildete das von Roosevelt auf der Pressekon-
ferenz am 24. Januar für die anwesenden Journalisten
überraschend formulierte Kriegsziel der bedingungslosen
Kapitulation Deutschlands, Italiens und Japans. Stalin,
der wegen der Entwicklung an der Volga der Zusammenkunft fernbleiben musste, trat der Erklärung am 1. Mai
bei. Ansonsten ließen ihn die optimistischen Erläuterun-
gen der Amerikaner und Briten völlig unbeeindruckt.
Er zeigte sich enttäuscht über die Vereinbarungen zur
«zweiten Front» und warnte eindringlich vor weiteren
Verzögerungen. Von eben diesen gingen Churchill und
Roosevelt mittlerweile insgeheim aus. Sie sprachen in
Bezug auf den Aufbau einer Front in Nordfrankreich
von 1943, doch in Wahrheit und realistisch planten der
Premierminister und der Präsident die Landung für das
Jahr 1944 ein.

Casablanca markierte innerhalb der Strategie der
West-Alliierten den Übergang zu einer zunehmend ameri-

kanisch geprägten, am vollständigen Sieg orientierten
Kriegführung, was die vorbehaltlose Unterwerfung der
Aggressoren einschloss. Deren Reaktion und ihre propa-
gandistische Auswertung der *Unconditional-Surrender-
Forderung* im Innern interessierten 1943 auf alliierter
Seite verständlicherweise kaum jemanden.

VI   *Wege zum totalen Sieg*

Großbritannien, die Sowjetunion und die Vereinigten
Staaten schickten sich im ersten Halbjahr 1943 an, die
Angreifer an allen Fronten in die Knie zu zwingen. Je
näher das Ende der Kampfhandlungen rückte, desto
drängender stellte sich unter regionalen und globalen
Gesichtspunkten die Frage nach den militärischen,
wirtschaftlichen, rechtlichen, macht- sowie gesellschafts-
politischen Kriegszielen. Die Tabula-rasa-Politik von
Casablanca formulierte ein Prinzip, nämlich die Nicht-
beteiligung der drei Aggressoren am Gestalten der
Nachkriegsordnung. Wobei die Sieger letztere erst noch
vereinbaren mussten. Befriedung und Bestrafung standen
in Rede. Hierzu gehörten die Teilung Deutschlands, die
Reduzierung Japans auf seinen gebietlichen Besitzstand
von vor 1914, die Demilitarisierung, die Reparations-
leistungen und das Wiederherstellen der territorialen
Integrität aller vom Dritten Reich und seinen Verbündeten besetzten beziehungsweise annektierten europäischen
Länder sowie Landesteile gemäß dem Status quo im Jahr
1937. Der *Grand Alliance* erwuchsen in solchem Kontext
aus dem sowjetisch-polnischen Interessengegensatz ernst-
liche Schwierigkeiten.
   Es ging zugleich um Vorherrschaft, Koexistenz und
Zugang zu den Weltmärkten. Deshalb ist leicht nachvollziehbar, dass Amerikaner, Briten sowie Sowjets nicht an
einem Strang zogen. Die große Frage war, ob es trotzdem
gelingen würde, das situationsbedingte angloamerika-
nisch-sowjetische Kriegsbündnis in einer zukunftweisen-

den Friedensallianz aufgehen zu lassen, die nach den Vorstellungen von Präsident Roosevelt China einbezog. Eingedenk kollidierender Interessen schien das von Anbeginn
an eher unwahrscheinlich zu sein.

1. Die «zweite Front» in Italien

Um die Koalition mit Stalin nicht zu gefährden, bevor-
zugten der Präsident und der Premierminister bis Anfang
1945 ein dilatorisches Vorgehen. Zwar referierte Churchill auf der Washingtoner Konferenz («Trident») über
die «Struktur der Nachkriegswelt» und präsentierte einen
eigenen «Europaplan», aber im Ganzen gesehen beherrschte die Militärstrategie das Treffen, welches zwei
im Allgemeinen wenig beachtete historische Ereignisse
begleiteten: Stalin löste am 15. Mai aus innen- und
außenpolitischen Gründen die Kommunistische Internationale (Komintern) auf; wenig später endete der Aufstand im Warschauer Ghetto. Die Deutschen hatten
schon 300 000 Bewohner ins Vernichtungslager Treblinka
transportiert, als es am 19. April zum vier Wochen dau-
ernden Kampf der 58 000 im Ghetto verbliebenen Juden
mit Einheiten der SS sowie der Wehrmacht kam. Himmlers Schergen erschossen mindestens 7000 jüdische Gefangene an Ort und Stelle, über 22 000 verschleppten sie
in Todes- und 13 000 in Arbeitslager.

Die an «Trident» teilnehmenden Politiker und Militärs
befassten sich mit anderem. Sie bestätigten die Absicht,
1944 in Nordfrankreich zu landen, planten, die Flugplätze auf den Azoren zu nutzen, beharrten auf Italiens be-
dingungsloser Kapitulation, die Eisenhower (als Oberbefehlshaber der alliierten Mittelmeer-Streitkräfte) lieber
vermieden hätte, und beschlossen die Invasion in Sizilien
(Unternehmen «Husky»).

In der Nacht vom 9. auf den 10. Juli lief die bis dahin
größte triphibische Operation der Weltgeschichte an.
Truppen der britischen 8. und amerikanischen 7. Armee
landeten im Süden und Südosten der Insel. Die Invasions-
streitmacht zählte 181 000 Mann (am Ende des 38-tägi-
gen Feldzugs standen 478 000 alliierte Soldaten auf Sizilien), 3680 Flugzeuge, 280 Kriegs- und 320 Transport-
schiffe sowie 2125 Landungsfahrzeuge. Oberbefehlshaber
der Invasionstruppen war Generaloberst Dwight D. (Ike)
Eisenhower. Generaladmiral Andrew B. Cunningham befehligte die See-, Luftmarschall Arthur Tedder die Luft-
und Generaloberst Harold Alexander die Landstreitkräfte, das heißt die alliierte 15. Heeresgruppe, die aus der
britischen 8. Armee unter Generaloberst B. L. Montgomery und der 7. US-Armee unter General George S.
Patton bestand.

Maximal 325 000 Verteidiger, davon 68 400 (zum Teil
später eintreffende) Deutsche, verteilten sich auf vier In-
fanterie- und fünf Küstenschutzdivisionen der italienischen 6. Armee, die Panzerdivision «Hermann Göring»,
die 15. und 29. Panzergrenadier- sowie die 1. Fallschirm-
jägerdivision. Luftunterstützung flogen die Luftflotte 2
und die königliche Luftwaffe, die am 10. Juli in Italien
507 respektive 449 einsatzbereite Kampfflugzeuge besaßen. Die Seestreitkräfte der beiden Achsenmächte spielten
bei der Abwehr der Landung nur eine Nebenrolle.

Am 19. Juli, die Ewige Stadt erlebte ihren ersten Luftangriff, erörterten die beiden Diktatoren in Feltre (Vene-
tien) die Lage. Mussolini wollte Hitler dabei eröffnen,
dass Italien aus dem Krieg ausscheiden müsse. Dazu fehlte ihm am Ende der Mut, und das zeitigte Folgen: Am
25. Juli stürzte der Faschistische Großrat den «Duce».
Der König ernannte Marschall Pietro Badoglio zum Regierungschef, der umgehend erklärte, dass er den Krieg

Aufstand im Ghetto von Warschau, 19. April bis 16. Mai 1943.
Von der SS, Polizei und Wehrmacht zusammengetriebene und
abgeführte jüdische Kinder, Frauen und Männer.

fortsetzen werde. Dessen ungeachtet befahl Hitler, in dem verbündeten Land einen Staatsstreich durchzuführen (Unternehmen «Schwarz», auch «Student» genannt). Das beabsichtigte Banditenstück, das an der schnellen Reaktion in Rom scheiterte, verbietet es, in Bezug auf den italienischen Kriegsaustritt im September 1943 von Verrat zu sprechen. Im Süden gab es nur einen *Verrat* – den deutschen.

Anfang August stellte sich die Lage der Verteidiger auf Sizilien als hoffnungslos dar, sie mussten die Insel räumen. Circa 40000 Deutsche – mit schweren Waffen, Munition, Fahrzeugen, Gerät und Ausrüstung – sowie 62000 Italiener setzten bis zum 17. August auf das Festland über (Unternehmen «Lehrgang»). Rund 13500 Soldaten der Wehrmacht und 32500 der königlichen Streitkräfte, meist Verwundete, konnten vorher evakuiert werden. Es blieben zurück – 177000 Tote, Vermisste und Gefangene.

Eisenhowers Sieg, der 20000 Verluste kostete, belasteten fünf Massaker, die Soldaten der amerikanischen 45. Division («Thunderbird») in der Zeit vom 12. bis zum 14. Juli 1943 an rund 150 italienischen und 50 deutschen Kriegsgefangenen im Raum Gela-Biscari (heute Acate)-Comiso (bei Ragusa) verübten. Mitverantwortung trug der Oberbefehlshaber der 7. Armee, General George S. Patton. 1944, als dieser in Frankreich die 3. Armee befehligte, forderte er erneut dazu auf, keine Gefangenen zu machen. In Europa ein Einzelfall? Mitnichten! Männer der 5. Gebirgsdivision brachten mit Wissen ihrer Vorgesetzten im April 1944 südlich von Rom 24 alliierte Kriegsgefangene um. Im Dezember 1944 erschossen Angehörige der Waffen-SS bei Malmédy außer belgischen Zivilisten 86 amerikanische Gefangene. Es kam, gemäß Hitlers Befehl vom 18. Oktober 1942, zur Tötung der bei «Kommandounternehmungen» ergriffenen Militärs. Und wie erwähnt ermordeten deutsche Uniformträger tausende kriegsgefangene Italiener.

Der Verlauf der sizilianischen Operationen ermutigte die Alliierten, das Festland anzugreifen. Am 3. September, als die Regierung Badoglio in Cassibile (Sizilien) mit Briten und Amerikanern einen Waffenstillstand unterschrieb, der tatsächlich die bedingungslose Kapitulation bedeutete, gingen zwei Divisionen der britischen 8. Armee an Kalabriens Südwestküste an Land (Unternehmen «Baytown»). Nach Bekanntgabe des Kriegsaustritts am 8. landete am 9. September die mit Kriegsschiffen von Bizerta antransportierte britische 1. Luftlandedivision bei Tarent (Unternehmen «Slapstick»); und vier amerikanische sowie zwei britische Divisionen samt kleineren Einheiten führten unter dem Oberbefehl von General Mark Wayne Clark (amerikanische 5. Armee) bei Salerno die seit längerem geplante Landungsoperation «Avalanche» durch – sie stand bis Mitte September auf des Messers Schneide. In der Tat steht Salerno für eine der entscheidenden Schlachten des Weltkriegs. Denn der Sieg in Sizilien hatte den Mächten der Anti-Hitler-Koalition zwar das Südtor zur «Festung Europa» geöffnet, aber erst der Ausgang der Salerno-Schlacht entschied darüber, ob sie sich auf Dauer festzusetzen vermochten. Sie konnten! Der Wehrmacht gelang es nicht, den Gegner ins Meer zurückzuwerfen, die zweite Front in Italien hatte Bestand.

Für die deutschen Absichten erwies es sich als günstig, dass Italiens Führung den Kriegsaustritt dilettantisch vorbereitete und ihre Soldaten in den entscheidenden ersten 24 Stunden führungslos dem Chaos überließ. Wichtigste Offiziere, darunter der Chef des Oberkommandos der italienischen Streitkräfte, Generaloberst Vittorio Ambrosio, und der Chef des Generalstabs des italienischen Heeres, Generaloberst Mario Roatta, flohen mit König

Vittorio Emanuele III. und seiner Familie sowie Marschall Badoglio und der Regierung mitsamt vieler anderer hoch gestellter Persönlichkeiten am 9. September aus Rom über Pescara nach Brindisi, also in von alliierten Truppen besetztes süditalienisches Gebiet. Erst am 11. September erklärte die Regierung die Deutschen zu Feinden. Offizieller Kriegszustand herrschte italienischerseits ab dem 13. Oktober 1943.

Die Wehrmacht hatte ihre Gegenmaßnahmen (Fall «Achse») genau geplant und die im Anschluss an den Sturz Mussolinis nach Italien verlegten Eingreifverbände, unbeeindruckt von italienischen Protesten, entsprechend disloziert. In Südfrankreich, Italien sowie auf dem Balkan hielten sich rund 600 000 Mann bereit, die königlichen Streitkräfte zu entwaffnen und die von ihnen gehaltenen Territorien zu besetzen. Das gelang, und angesichts der riesigen Beute sowie der circa 1 007 000 entwaffneten Militärangehörigen ließe sich sarkastisch vom letzten Sieg der Wehrmacht sprechen. Ferner befreiten Fallschirmjäger am 12. September Mussolini, der danach – wissend, dass die Nazis Italiens nationale Deklassierung betrieben – als Chef der Marionettenregierung des Satellitenstaats «Repubblica Sociale Italiana» agierte. Der «Duce» erleichterte Hitlers Handlangern die kriegswichtige wirtschaftliche Ausbeutung von Norditalien und die Besatzungsherrschaft insgesamt.

Das Wesen der deutschen Okkupation wird plastisch, wenn man sich vergegenwärtigt, dass, abgesehen von den Verlusten der Partisanen und «mitkriegführenden» regulären Soldaten sowie den durch Kriegseinwirkung gestorbenen Menschen, vom Kriegsaustritt 1943 bis zum Ende des Kriegs 1945 täglich mehr als 160 italienische Staatsbürger umkamen. Darunter befanden sich viele jüdischer Abstammung. Sie alle verloren ihr Leben durch deutsche

Hand, sei es auf direkte oder indirekte Weise: Kinder, Frauen und Männer jeglichen Alters, politische Deportierte, Kriegsgefangene und Zwangsarbeiter. Zu letzteren gehörten unter anderen die Militärinternierten. So hießen die nach dem 8. September 1943 entwaffneten und gefangen genommenen Soldaten, denen das Regime den Status als Kriegsgefangene im Sinne der Genfer Konvention vom 27. Juli 1929 verweigerte. Über 500000 von ihnen schufteten als rechtlose, Hunger leidende, körperlich geschwächte und, weil medizinisch unterversorgt, gesundheitlich hoch gefährdete Arbeitssklaven in der nationalsozialistischen Kriegswirtschaft.

Wie in anderen besetzten Ländern spielten Deutsche in Italien im Umgang mit der als rassisch minderwertig angesehenen Zivilbevölkerung die Rolle der Herrenmenschen – ohne Respekt gegenüber nichtdeutschem Leben, unschlagbar bei jedweder Art von Ausbeutung, Repression und Grausamkeit.

Ansonsten begann nach der Entscheidungsschlacht von Salerno ein zerstörerischer, für die Bevölkerung, unter der Hitlers Truppen bei ihrem Rückzug eine breite Blutspur hinterließen, sehr schmerzvoller Krieg. In seinem Verlauf drängten die amerikanische 5. und die britische 8. Armee die Deutschen, seit November 1943 im Wesentlichen die Heeresgruppe C unter Generalfeldmarschall Albert Kesselring mit der 10. und 14. Armee sowie ab dem 3. August 1944 der Armee «Ligurien» (Oberbefehlshaber Marschall Rodolfo Graziani), von einer Verteidigungslinie auf die andere in Richtung Norden zurück. Besonders hervorzuheben sind hierbei das «Bernhard-Gustav-Verteidigungssystem», eine tief gegliederte Anlage von Sperrlinien und robusten Defensivstellungen, die sich von Marina di Minturno am Tyrrhenischen Meer bis Fossacesia an der Adria erstreckte, und die im Juni 1944 in «Grün-

Linie» umbenannte «Goten-Linie», die von Cinquale am
Ligurischen bis Pesaro am Adriatischen Meer verlief.
Nach Salerno kam es: zu Schlachten am Volturno,
Sangro, Garigliano, Rapido und Liri; zum Ringen um
Cassino sowie den Landekopf von Anzio-Nettuno; zu den
Kämpfen im Raum von Rom (am 4. Juni 1944 befreit),
bei Piombino und Chiusi; zum zähen, wegen des Kräfte-
verschleißes operativ mitunter kontraproduktiven Wider-
stand am Trasimenischen See, Arno und Tiber, im Nor-
den von Florenz, bei Ancona, Rimini sowie Bologna; zum
Stellungskampf im nördlichen Apennin und an der Adria.

Nicht zu vergessen ist in solchem Zusammenhang die
Landung in Südfrankreich am 15. August 1944 (Operation «Dragoon»), welche die alliierte 15. Heeresgruppe,
die wertvolle Divisionen abgeben musste, erheblich
schwächte. Gleichzeitig bescherte «Dragoon» dem Oberbefehlshaber Südwest, bis zum März 1945 Generalfeldmarschall A. Kesselring, eine weitere Front in den West-
alpen, die in etwa vier Divisionen band. Und als die
Alliierten am 9. April 1945 ihre massive Frühjahrsoffensive begonnen hatten, blieb den Deutschen und ihren
faschistischen Verbündeten nur noch das Ausweichen
hinter den Po. Da britische und amerikanische Flugzeuge
die Brücken über diesen Fluss nachhaltig zerstört hatten
und der Po nicht durchwatet werden konnte, befanden
sich die Truppen von Generaloberst H. v. Vietinghoff-
Scheel (seit dem 10.3.45 Oberbefehlshaber Südwest und
Oberbefehlshaber der Heeresgruppe C), die oft auf gera-
dezu abenteuerliche Weise und nur unter Zurücklassen
der schweren Waffen das Nordufer des Po erreichten, in
einem Zustand, der das Errichten einer neuen, geschlos-
senen Front unmöglich machte: Die Heeresgruppe C war
geschlagen und befand sich zum Teil bereits in der Auflösung.

*Soldaten der amerikanischen 5. Armee befreien
am 4. Juni 1944 Rom.*

Damit endeten schwerste Kämpfe, die, so sahen es zeitgenössische Beobachter, diejenigen im Osten an Härte häufig noch übertrafen. Verluste von rund 189 000 Toten und Verwundeten auf amerikanischer, 123 500 auf britischer sowie 435 000 auf deutscher Seite sprechen für sich. Wehrmacht, SS und Polizei hatten es an der italienischen Front jedoch nicht nur mit den Alliierten zu tun, sondern darüber hinaus mit der ihnen meist feindlich gegenüberstehenden Bevölkerung und der starken «Resistenza». Dass die Heeresgruppe C dennoch bis zuletzt der Vernichtung entging, lag vor allem in der gegnerischen Strategie begründet. Briten und Amerikaner, den Blick auf das Landungsvorhaben in der Normandie gerichtet, wollten in Italien starke deutsche Kräfte binden. Sie strebten aber keinen Sieg um jeden Preis an. Und im Übrigen war die Niederlage der nationalsozialistischen Streitkräfte auf der Apenninenhalbinsel aus ihrer Sicht nur eine Frage der Zeit. Als diese, motiviert von der absolut hoffnungslosen militärischen Lage, nach langem Pokerspiel am 2. Mai 1945 kapitulierten (Unternehmen «Sunrise»), endete für das italienische Volk mit dem Weltkrieg, den seit dem 8. September 1943 nicht nur die Italiener außerhalb der so genannten Repubblica Sociale Italiana des Benito Mussolini als Befreiungskrieg von Deutschen und Faschisten begriffen, zugleich ein mörderischer Bürgerkrieg.

Anzufügen wäre noch, dass die hinsichtlich ihrer geschichtlichen Bedeutsamkeit oft völlig überhöht verzeichnete bedingungslose Kapitulation der Heeresgruppe C sowie der SS- und Polizeikräfte auf dem italienischen Kriegsschauplatz nichts mit Widerstand gegen das NS-Regime zu tun hatte und offenbar ohne den Freitod Hitlers (30.4.45) nicht durchzuführen gewesen wäre. Denn als die Kapitulationsurkunde am Vortage im alliierten Hauptquartier in Caserta unterschrieben wurde,

unterstand die Heeresgruppe C dem Oberbefehlshaber
West, also dem fanatischen Nazi Kesselring, der eine Unterwerfung zu Lebzeiten seines «Führers» ohne Wenn und
Aber erklärtermaßen ablehnte. Selbst nach Hitlers Able-
ben fiel es schwer, ihn dazu zu bewegen. Der Generalfeldmarschall, der im Westen, folgt man Dabeigewesenen,
in einer Art Endzeitstimmung einen Divisionskomman-
deur «nach dem anderen hinrichten» ließ, beabsichtigte
sogar, Vietinghoff-Scheel und seinen Chef des Stabes, General der Panzertruppe Hans Röttiger, wegen der Kapitulation vor ein Standgericht zu stellen.

2. Der «Große Krieg» als strategische Einheit

In einer Lagebetrachtung vom 20. August 1943 konsta-
tierte die Seekriegsleitung, Deutschland habe sich ab 1942
«in der großen Strategie» vom «Hammer» zum «Am-
boß» entwickelt. Das zeigten die Einstellung des U-Boot-
Kriegs, die Intensivierung und Ausweitung des strategischen Bombenkriegs, der Aufbau einer «zweiten Front»
in Italien und der Ausgang von «Zitadelle». So lautete
der Deckname der Angriffsoperation gegen den seit April
1943 bestehenden Frontbogen im Raum Kursk.

Gemäß dem Operationsbefehl Nr. 6 vom 15. April bezweckte «Zitadelle» die Vernichtung der im «Gebiet
Kursk befindlichen Feindkräfte» (durch zwei Offensiv-
gruppen, die von Orel nach Süden und von Belgorod
nach Norden auf die Stadt operierten). Zugleich wollten
die Deutschen eine kräftesparende Frontverkürzung erreichen und die «Initiative» im «Frühjahr» sowie «Sommer»
gewinnen, um weitere «Angriffsschläge» zu führen. Hitler
hoffte, «Zitadelle», für ihn eine Machtdemonstration, mit
der sich das Ostheer eindrucksvoll zurückmeldete, werde

für die «Welt wie ein Fanal wirken» und die Sowjets hinsichtlich einer Offensive sowie die Westmächte in Bezug
auf die Landung in Frankreich verunsichern. Von seinem
Standpunkt aus machte eine derartige Entwicklung das
Davonkommen möglich – darum ging es ihm.

Ab dem 5. Juli rannten 435 000 bis 700 000 deutsche
Soldaten gegen den 190 km breiten und 120 km tiefen
Frontbogen an, den die Rote Armee, die von den Absichten ihres Gegners wusste, rechtzeitig zu einer sehr
starken Defensivstellung ausgebaut hatte. Die nördliche
Angriffsgruppe bestand aus der 9. Armee der Heeresgruppe Mitte (6 Panzer-, 2 Panzergrenadier- und 7 Infanteriedivisionen), die südliche aus der 4. Panzerarmee
und der Armeeabteilung Kempf der Heeresgruppe Süd
(3 Sturmgeschützbrigaden, 7 Infanterie- und 11 Panzerdivisionen). Allerdings variieren die Angaben über Um-
fang, Zusammensetzung sowie Waffen der Angreifer und
der Verteidiger. Nach widersprüchlichen Quellen verfügten Hitlers Offensivkräfte über mindestens 1377 und
maximal 3155 Panzer sowie Sturmgeschütze, 9960 Geschütze beziehungsweise Granatwerfer und 1400, vielleicht sogar 2000 Flugzeuge der Luftflotten 4 und 6. Den
Großverbänden der Wehrmacht lagen im Kursker Frontbogen drei sowjetische Heeresgruppen (davon eine als
Stavka-Reserve) mit 1,3 bis 2 Millionen Mann gegenüber.
Sie verteilten sich auf 18 Armeen und besaßen (mit Reserven) nicht weniger als 3400, aber höchstens 5130 Panzer und Sturmgeschütze, 19 500 Geschütze oder Granatwerfer sowie 2100 beziehungsweise 3200 Flugzeuge, die
sich die Luftherrschaft erkämpften.

«Zitadelle» war militärisch gesehen eine Verlegenheits-
operation: L'art pour l'art, weil dem Angriff jede strategische Perspektive fehlte. Wie 1941 und 1942 scheiterte
das Ostheer auch 1943. Hitler befahl bereits Mitte Juli,

ungeachtet seiner erwähnten Phantastereien, das Unternehmen abzubrechen. Dies insbesondere deshalb, weil der Vorstoß der Nordgruppe nach wenigen Kilometern stecken blieb (11.7.), während die Gegenoffensive der Roten Armee im Frontbogen von Orel (12.7.), welche die im Kursker Raum kämpfenden Kräfte entlasten sollte, bei der 2. Panzerarmee eine bedrohliche Lage heraufbeschwor. Hinzu kam, dass die angloamerikanische Landung auf Sizilien und der sich ankündigende italienische Zusammenbruch den Abzug von Divisionen erzwangen.

Fortan besaß und ergriff allein die Rote Armee die Initiative, wohingegen das Ostheer den geordneten Rückzug antrat. Dabei konnte durch die Ausnutzung natürlicher Hindernisse, durch die Taktik der verbrannten Erde, durch die Wellenbrecher-Strategie, gemäß der zum Beispiel zu Festungen erklärte Städte selbst dann zu halten waren, wenn der Gegner an diesen vorbeistieß, weil Hitler glaubte, die Alliierten würden versuchen, solche Schein-Festungen einzuschließen, was starke Verbände binden und somit ihre Offensivkraft schwächen musste, sowie durch den in kurzer Zeit errichteten Ostwall, der von Narva über Vitebsk und entlang dem Dnepr zum Azov'schen Meer verlief, der sowjetische Vormarsch zwar verzögert, doch nicht aufgehalten werden. Dramatische Ausmaße nahm die gänzlich verfehlte Wellenbrecher-Strategie im Fall der Heeresgruppe «Kurland» an. Die im Zusammenhang mit «Zitadelle» eingeleitete Sommeroffensive der Roten Armee konzentrierte sich weitgehend auf den Süden der Front, wo ein Raumgewinn von durchschnittlich 300 km erzielt wurde. Im August 1943 gaben die Deutschen Orel und Char'kov auf, ab Mitte September räumten sie den Kuban'-Brückenkopf. Stalins Truppen überschritten im November auf breiter Front

den Dnepr – sie befreiten Kiev, und die Heeresgruppe A
sah sich auf der Krim isoliert.

Solche operativen Erfolge besaßen politische Auswirkungen. Schon am 10. August empfahl das «Gutachten
eines hohen Militärs der Vereinigten Staaten», sich um
ein freundschaftliches Verhältnis zur Sowjetunion, der
künftigen europäischen Führungsmacht zu bemühen.
Großbritannien trat für Roosevelts Generäle, so scheint
es, ins zweite Glied. Bezeichnenderweise konnte sich
Churchill auf der Konferenz in Quebec (17. bis 24.8.43),
Deckname «Quadrant», mit seinem erneuten Vorschlag,
die Kriegführung im Mittelmeer zu intensivieren, nicht
mehr durchsetzen. Das Konferenzergebnis bestätigte, dass
es, wie vom Präsidenten gewünscht, bei der Landung in
der Normandie im Mai 1944 blieb – Operation «Overlord». Zudem kam das bereits erwähnte und darauf abgestimmte Landungsunternehmen in Südfrankreich in die
Diskussion («Dragoon»).

Nach dem Abschluss von «Quadrant» erfuhr Stalin
von dieser Entscheidung, die Südosteuropa sowie große
Teile Zentraleuropas der *Befreiung* durch die Rote Armee
überließ, ohne die unterschiedliche politische Interessen-
lage der britischen, sowjetischen und amerikanischen Regierung angemessen zu berücksichtigen. Erst die Moskau-
er Außenministerkonferenz (19. bis 30.10.43) beschloss,
in London eine «Europäische Beratende Kommission»
einzurichten, die Lösungsvorschläge für die mit dem
Kriegsende in Europa verbundenen Probleme erarbeiten
sollte.

Außerdem unterzeichneten der Präsident und der Premierminister in Quebec ein geheimes Abkommen über
ihre Zusammenarbeit bei der Entwicklung der Atombombe. Sie vereinbarten unter anderem, dass die neue
Waffe nur einvernehmlich gegen eine dritte Macht ver-

wendet werden dürfe. Daran hielten sich beide – der
Atombombeneinsatz in Japan stellte keinen amerikanischen Alleingang dar.

Ferner standen Politik und Kriegführung in Ostasien
auf der Tagesordnung von «Quadrant». Die Erörterung
der damit verbundenen Fragen setzten Churchill und
Roosevelt bei einem Treffen mit Chiang Kaishek in Kairo
(22. bis 26.11.43) fort. Hierbei besprachen sie am Vorabend ihrer ersten gemeinsamen Begegnung mit Stalin
neben operativen Angelegenheiten bereits Nachkriegsre-
gelungen: China würde Taiwan und die Pescadoren Inseln
zurückerhalten, Korea ein souveräner Staat werden.

Vom 28. November bis 1. Dezember 1943 konferierten
sodann die «Großen Drei» in Teheran. Anlässlich dieser
Zusammenkunft (Deckname «Eureka») glichen sie die
Strategie innerhalb der *Grand Alliance* ab und bestimmten «Overlord» in Verbindung mit «Anvil» zur wichtigsten Operation im Jahr 1944. Der aufs höchste erfreute
Stalin bot an, die Landung durch eine Großoffensive seiner Streitkräfte zu unterstützen. Und Roosevelts Stabschefs registrierten erleichtert, dass die Sowjetunion nach
dem Sieg über Deutschland Japan den Krieg erklären
werde. Das erschien wichtig, weil die Militärs wieder an-
nahmen, dass die Invasion in Nippon unumgänglich sei.
Die Alliierten brauchten daher Basen auf dem chinesischen Festland, und das hielt die kaiserliche Armee besetzt. Politisch ging es um die künftige polnisch-sowje-
tische Grenze, die deutsche Teilung, den Status von
Finnland sowie den der Baltischen Länder, die Anerkennung von Josip Broz Tito als dem einzigen verbündeten
Oberbefehlshaber in Jugoslawien und den türkischen
Kriegseintritt, der effektiv erst am 1. März 1945 erfolgte.

Knapp vier Wochen vor Teheran gab Hitler am
3. November die «Weisung 51 für die Verteidigung des

Westens» heraus – seine letzte strategische Entscheidung im Zweiten Weltkrieg! Von der Angst einer alliierten Landung in Frankreich umgetrieben, verlegte er den Schwerpunkt seiner Kriegführung nach Westeuropa. Die «Gefahr im Osten», die fortbestand, sah Hitler durchaus. Nur meinte er im Spätherbst 1943, die «Größe des Raumes» erlaube dort «äußersten Falles einen Bodenverlust auch größeren Ausmaßes», denn dadurch würde der deutsche «Lebensnerv» nicht «tödlich» getroffen. Anders gewendet, die Kriegsentscheidung sollte an der Westfront fallen. Nach der Abwehr der Landung sei «alles vorbei», dann könnten «wieder Truppen aus dem Westen in den Osten verlegt werden». Hitler kehrte hiermit – unter fundamental veränderten Voraussetzungen – zu seiner militärstrategischen Grundkonzeption im ersten Kriegsjahr zurück. Dabei beließ er es, ganz egal wie bedrohlich sich die Lage im Osten darstellte.

Anfang 1944 verlief die mäandrierende Ostfront folgendermaßen: Leningrad, Il'men'-See, Vitebsk, Mozyr', Korosten', Fastov, Krivoj Rog, rund 30 km östlich Nikopol', Unterlauf des Dnepr, Cherson, Schwarzes Meer. Das bedeutete, dass die Sowjets mehr als die Hälfte ihres von den Deutschen seit Juni 1941 besetzten Territoriums befreit hatten.

Am 14. Januar startete die Rote Armee im ungefähr 400 km breiten Frontabschnitt Leningrad-Nevel' den Großangriff gegen die Heeresgruppe Nord, die sich bis zum März auf die maximal 270 km westlich der bisherigen Frontlinie verlaufende «Panther-Stellung» (Fluß Narva, Peipussee, Pskov, Novosokol'niki) zurückziehen musste. Bei der im Raum Polock-Mozyr stehenden Heeresgruppe Mitte scheiterten sowjetische Vorstöße. Hingegen wurde die von Mozyr bis Cherson reichende Südfront während der seit dem 4. März rollenden Früh-

jahrsoffensive gegen die Heeresgruppen Süd und A bis
zum Mai – bezogen auf den Frontverlauf Ende 1943 –
auf einer Breite von 700 km zum Teil um 500 km nach
Westen verschoben: Zatoka am Schwarzen Meer, Unterlauf des Dnestr, Tiraspol', Iasi (rumänisch), östliche Aus-
läufer der Carpatii Orientali, Deljatin, Kovel', Südwest-
ecke der Prip'at'-Sümpfe, Mozyr. Das brachte es mit sich,
dass die Heeresgruppe Mitte, zusätzlich zu ihrem 500 km
breiten Abschnitt an der Ostfront, auf der Höhe von
Mozyr eine sich 300 km nach Westen erstreckende Südfront hielt, insgesamt also eine Front von 800 km Länge.
Den Abschluss der Frühjahrsoffensive bildete die Befreiung der Krim am 13. Mai 1944. Anschließend trat an
der gesamten Ostfront bis zum 22. Juni eine Kampfpause
ein.

Das Reich sah nicht nur operativ schweren Zeiten entgegen, ihm brach die Basis seiner Rüstung weg. Mit
Nikopol' verlor es unersetzliche Manganerzgruben. Am
5. April 1944 begann die 15. US-Luftflotte von Italien
aus ihre Offensive gegen die rumänischen Erdölfelder sowie Ölraffinerien und Hydrierwerke im deutschen
Machtbereich. Im selben Monat stellte die von den Alliierten unter Druck gesetzte Türkei die Chromerzlieferun-
gen ein. Spanien reduzierte im Mai seine Wolframexporte
nach Deutschland. Gleichzeitig starteten die systematischen Luftangriffe gegen die deutsche synthetische Treib-
stofferzeugung. Speer und seine Experten machten daraufhin eindringlich auf die verheerenden Folgen für die
eigene Kriegführung aufmerksam, wenn keine Abhilfen
geschaffen werden konnten. Äußerstenfalls drohe der
Wehrmacht Bewegungsunfähigkeit.

Erschwerend kam hinzu, dass seit dem 1. April 11 000
alliierte Flugzeuge das Verkehrsnetz und militärische
Ziele in Frankreich sowie Belgien attackierten. Sie warfen

ungefähr 195 000 Tonnen Bombenlast zur Vorbereitung
von «Neptune» ab, der Angriffsphase der Operation
«Overlord». Am 6. Juni (D-Day) gegen 01.30 Uhr eröffneten sodann Luftlandetruppen den Kampf, Landungs-
boote mit Bodentruppen folgten fünf Stunden später.
Um 24.00 Uhr waren, wirkungsvoll unterstützt von der
schweren Schiffsartillerie, 132 715 Mann in fünf Brücken-
köpfen (Utah, Omaha, Gold, Juni und Sword) zwischen
les Dunes-de-Varreville und dem 80 km östlich davon gelegenen Merville angelandet. Generaloberst Eisenhower,
der westalliierte Oberbefehlshaber, verfügte bei «Overlord» über 86 Divisionen, 1213 Kriegsschiffe, 4126 Landungsfahrzeuge, 5112 Bomben-, 5409 Jagd- und 2316
Transportflugzeuge. Im Besitz der absoluten Luftherrschaft flogen diese am *D-Day* 14 647 Einsätze. Nach 24
Stunden galt die größte Landungsoperation der Weltgeschichte als geglückt. «Neptune» endete am 30. Juni. Zu
jenem Zeitpunkt befanden sich 850 279 alliierte Soldaten
mit ungefähr 148 000 Fahrzeugen sowie 570 500 Tonnen
Material auf dem Festland. Ihre Zahl stieg bis Ende Juli
auf 1 566 000 an. Daran gemessen, standen 58 deutsche
Divisionen, die Piloten der sehr schwachen Luftflotte 3
(200 einsatzfähige Jagd- und 90 Bombenflugzeuge), die
am Landungstag lächerliche 319 Starts ausführten, und
die noch schwächeren Kräfte der Kriegsmarine auf verlo-
renem Posten.

Mit «Overlord», einem Schlachteninferno, von dem
sich manche Stadt in der Normandie auch 60 Jahre da-
nach noch nicht erholt hat (beispielsweise und insbe-
sondere Caen), nahm die Befreiung Westeuropas ihren
Anfang, obwohl amerikanische sowie freifranzösische
Truppen erst am 25. August in Paris einrückten und die
Alliierten bis Ende Juli 1944 nördlich der Linie Lessay,
Saint-Lo, Caumont, Evrecy, Bourguébus, Troarn festla-

Freigekämpfter alliierter Landekopf in der Normandie.

gen. Außerhalb jenes Raums erhielten sie auf direkte oder indirekte Weise Unterstützung seitens der etwa 250 000 Angehörigen der *Forces Francaises de l'Intérieur*. Wie in der Sowjetunion, in Polen, Jugoslawien, Griechenland und Italien besaß der Widerstand in Frankreich militärisch Gewicht. Daran erinnert aufs furchtbarste der Ort Oradour-sur-Glane, wo am 10. Juni 1944 Angehörige der 2. SS-Panzerdivision «Das Reich» 205 Kinder, 240 Frauen und 197 Männer brutal ermordeten. Ein Massaker an unschuldigen Menschen, keine Vergeltungsaktion – zu *vergelten* gab es nichts. Vielmehr sollte die maßlose Grausamkeit die Zivilbevölkerung einschüchtern und von Hilfeleistungen für die Partisanen abschrecken. Aus solcher Sicht ist Oradour typisch für deutsche Besatzungsherrschaft im Westen wie im Süden, Südosten und Osten – mörderische Terrorisierung der Bevölkerung.

Drei Tage nach dem Beginn der Landung in der Normandie eröffneten die Sowjets eine Offensive an der finnischen Front, die sie teilweise um 300 km nach Nordwesten zurückdrängten. Als sich der Kollaps des Landes abzeichnete, vereinbarte Helsinki am 19. September mit Moskau und London einen Waffenstillstand, der es verpflichtete, bei der Vertreibung der Deutschen aus Lappland mitzuhelfen. Den Finnen blieb keine andere Wahl, und die Deutschen verloren mit dem Bundesgenossen kriegswichtige Nickelerzlieferungen.

Dem Angriff in Karelien folgte eine rege, die Schwerpunkte geschickt verlagernde operative Tätigkeit der Roten Armee in allen Frontbereichen. Die am dritten Jahrestag des deutschen Überfalls gestartete Großoffensive von vier sowjetischen Heeresgruppen (2,2 Millionen Soldaten, 5200 Panzer, 5300 Flugzeuge) gegen die 700 000 Mann zählende, an Waffen- und Materialmangel leidende Heeresgruppe Mitte (Generalfeldmarschall Ernst Busch,

*Caen, die durch Luftangriffe bei der Befreiung Frankreichs
am meisten zerstörte Stadt.*

ab dem 28.6.44 Generalfeldmarschall Walter Model)
führte zu einer Katastrophe, die jene von Stalingrad übertraf. Am 8. Juli 1944 galten 28 Divisionen als vernichtet,
350000 Soldaten waren gefallen, vermisst oder gefangen.
Und in der Ostfront klaffte eine riesige Bresche, durch die
Stalins Divisionen nach Ostpreußen sowie zum Weichsel-
bogen bei Warschau vorstießen.

Als Folge des Vormarschs der 1. Weißrussischen Heeresgruppe erhob sich die nationalpolnische Heimatarmee
in der Hauptstadt (1.8.44). Der Aufstand richtete sich
direkt gegen das Besatzungsregime. Politisch sollte er, als
nationaler Beitrag zum Sieg über Hitler, den Anspruch
auf ein souveränes Polen untermauern. Weder die Amerikaner noch die Briten und am wenigsten die Sowjets,
denen die Nationalpolen nicht ins Hegemonialkonzept
passten, nutzten rechtzeitig alle Möglichkeiten, um der
verzweifelt kämpfenden Heimatarmee zu helfen. Am
2. Oktober musste sie kapitulieren. Die Zahl der gefallenen, getöteten und ermordeten Polen belief sich auf mindestens 196000, eventuell sogar auf über 250000 Männer, Frauen und Kinder jeden Alters.

Kein erfreulicher Sommer für den «Führer». Nach dem
Desaster in der Normandie und bei der Heeresgruppe
Mitte überlebte er am 20. Juli nur knapp ein Attentat,
für das Offiziere um Oberst i.G. Claus Graf Schenk
v. Stauffenberg verantwortlich zeichneten. Den Verschwö-
rern (zu ihnen gehörten neben Offizieren unter anderem
Beamte, Politiker, Gewerkschaftsführer und Geistliche),
ging es primär nicht mehr um Einflussnahme auf die alliierten Deutschlandpläne, dafür kam jener letzte Atten-
tatsversuch, dem 200 Hinrichtungen folgten, zu spät. Es
lässt sich auch nicht sagen, was der Tod Hitlers bewirkt
hätte: Einstellung der Kampfhandlungen, Chaos, Bürgerkrieg, eine zweite Dolchstoßlegende? Geschichtswirksam

wurde allein die Tatsache, dass diese Männer für ein besseres Deutschland handelten und starben. Allerdings erscheint es unangemessen, verallgemeinernd vom «militärischen Widerstand» zu sprechen, denn letzterer fand in der Wehrmacht nur sehr wenige zur Tat entschlossene Befürworter.

Am Ende durchbrachen die Amerikaner am 30./31. Juli auch noch die Front bei Avranches. Die britische 21. (Feldmarschall – ab dem 1.9.44 – B.L. Montgomery) und die Anfang August unter General Omar Nelson Bradley gebildete amerikanische 12. Heeresgruppe eröffneten danach einen Bewegungskrieg, in dem die Heeresgruppen B und D (später B, G und H) keine Chance besaßen. Ihnen fehlte nämlich zum einen die Luftunterstützung, und zum anderen litten sie schon vor Ende August, als die Sowjets das Erdölgebiet von Ploiesti besetzten, an Treibstoffmangel. Hitlers Divisionen «kämpften sich», so hieß es beschönigend, in Nord- und Südfrankreich «erfolgreich zurück».

Dort führte die 7. US-Armee (VI. Korps und französisches II. Korps) am 15. August zwischen Hyères und Cannes das schon angesprochene Landungsunternehmen «Dragoon» durch: 2000 landgestützte Flugzeuge und die Maschinen von 9 Flugzeugträgern garantierten die Luftherrschaft, 887 Kriegsschiffe, darunter 5 Schlachtschiffe, sicherten 1370 Landungsfahrzeuge, die – bei schwacher Abwehr der Armeegruppe G (Generaloberst J. Blaskowitz) – in zwei Tagen annähernd 87000 Mann und 12250 Fahrzeuge anlandeten. Die strategische Bedeutung von «Dragoon» resultierte aus der Befreiung der südfranzösischen Häfen, über die, als sich die Versorgungslage an der Kanalküste wegen fehlender Auslademöglichkeiten zuspitzte, ein Drittel des Nachschubs für die alliierten Streitkräfte in Westeuropa lief.

Ein Diktator und Massenmörder unter Schock:
Hitler nach dem Attentat vom 20. Juli 1944.

Die 7. US-Armee unter General Alexander M. Patch (nachmalig 6. Heeresgruppe) stieß, ergänzt durch das französische I. Korps, in vier Wochen 500 km weit bis Pont-de-Roide, Lure und Luxeuil vor. Am 21. November verlief die Front nördlich vom befreiten Belfort.

Britische Truppen waren am 4. September in Antwerpen einmarschiert. Sie versäumten es jedoch, den Zugang zum Hafen, die von Deutschen kontrollierte Scheldemündung freizukämpfen. Denn Montgomery konzentrierte sich – mit Eisenhowers Billigung – auf die Bildung eines Brückenkopfes auf dem östlichen Rheinufer bei Arnheim und die Inbesitznahme von mehreren Flußbrücken (Operation «Market-Garden»). Dabei übersahen der Generaloberst und der Feldmarschall augenscheinlich, dass sie für die Offensive gegen das Reichsgebiet Antwerpen als Nachschubbasis benötigten. Ein teuer bezahlter Fehler: «Market-Garden» galt seit dem 25. September als gescheitert, und vor dem 28. November lief kein Versorgungsschiff in den Hafen von Antwerpen ein.

Als erste deutsche Großstadt eroberten amerikanische Truppen, nach erbitterten Straßenkämpfen, in welchen rund 2000 US-Soldaten fielen, am 21. Oktober Aachen. Die Amerikaner kämpften sich bis zum 16. November an die Rur-Linie vor und kontrollierten ab dem 8. Dezember das Gebiet westlich davon (Roermond bis Heimbach). Dabei entwickelte sich in der Nordeifel die Schlacht im Hürtgenwald, die zu den brutalsten Kämpfen des Zweiten Weltkriegs zählt. Bis zu 50 000 Angehörige der *US-Army* und 15 000 der Wehrmacht sollen in dieser «Todesfabrik», so Ernest Hemingway als Kriegsberichterstatter, das Leben verloren haben. Im Westen war die Hölle los, aber noch gab Hitler nicht auf. Mit letzten Reserven inszenierte er zwischen Monschau und Echternach am 16. Dezember die Operation «Wacht am Rhein», die

Ardennenoffensive, unter dem damaligen Oberbefehlshaber West, Generalfeldmarschall G. v. Rundstedt. Es trat
an die Heeresgruppe B (Generalfeldmarschall W. Model)
mit drei Armeen (21 Divisionen) und 1794 Flugzeugen.
Ihr gelang die taktische Überraschung des Gegners,
das Operationsziel erwies sich freilich als utopisch: Der
Durchbruch über die Maas nach Antwerpen (um Amerikaner und Briten zu trennen) sowie die Umfassung der
21. Heeresgruppe sollten Großbritannien, in dem es aufgrund des befürchteten Verlusts seiner weltpolitischen
Vormachtstellung an die Vereinigten Staaten eine Krise zu
geben schien, doch noch zum Arrangement mit Hitler
bewegen.

Sobald sich das Wetter besserte, blieb der Angriff
wegen der alliierten Luftüberlegenheit liegen. Es folgte,
so Speer in seinen Erinnerungen, die «von einem wirren
und ohnmächtigen Widerstand verzögerte Besetzung»
Deutschlands.

Anfang 1945 gab es allerdings noch eine relativ stabile
Front. Sie nahm ihren Lauf von Rotterdam über Tilburg,
Aachen, Trier, Saarbrücken nach Karlsruhe, östlich an
Straßburg und westlich an Colmar vorbei zum befreiten
Mulhouse.

Im Hinblick auf die Lage im Osten wird oft behauptet,
dass Hitler die Kämpfe dort bis zuletzt fortsetzen ließ, um
zahllosen Flüchtlingen das Leben und möglichst viele
Soldaten vor sowjetischer Kriegsgefangenschaft zu retten.
Ein Mythos, in Wahrheit interessierte ihn das harte Los
dieser Menschen wie der Deutschen insgesamt nachweis-
lich nicht im Geringsten.

Stalin startete im Südabschnitt der Ostfront am
20. August 1944 eine in erster Linie politisch motivierte
Offensive zur Vertreibung der Wehrmacht aus Südosteuropa. Sofort hoffte Hitler, der mit einer britisch-sowje-

tischen Interessenkollision rechnete, auf den Bruch der
Grand Alliance. Stattdessen vereinbarten Churchill und
Stalin, die seit dem 9. Oktober in Moskau konferierten
(Deckname der Zusammenkunft: «Tolstoy»), Einfluss-
bereiche. Demnach sollte Bulgarien zu 80%, Rumänien
zu 90%, Ungarn zu 80% sowjetischem und Griechenland zu 90% britischem Einfluss unterliegen. In Bezug
auf Jugoslawien einigten sie sich auf jeweils 50%.

Schon vorher vollzogen Rumänien und Bulgarien den
Seitenwechsel. Die neuen Regierungen erklärten dem
Reich am 25. August respektive 8. September den Krieg.
Zu einem harten Ringen entwickelte sich der Kampf
(26.12. 44 bis 13.2.45) um die ungarische Hauptstadt
Budapest, bei dem man 19718 Tote unter der Zivilbevöl-
kerung beklagte.

Die Situation in Südosteuropa zwang die deutschen
Truppen auf dem Balkan, sich ab September kämpfend
über 1500 km aus Griechenland, Albanien und Montenegro auf die Drina-Linie in Zentraljugoslawien und danach, vom Januar bis April 1945, auf die damalige
deutsch-kroatische Grenze zurückzuziehen.

Im Norden der Ostfront igelte sich die Heeresgruppe
Nord (ab 25.1.45 «Kurland») vom Oktober 1944 bis
zum Kriegsende im heutigen Kurzeme ein (Oberbefehlshaber seit dem 7.4.45 Generaloberst Karl Hilpert). Mitte
des Monats verübten Rotarmisten bei einem abgewehrten
Vorstoß im ostpreußischen Nemmersdorf, südlich von
Gumbinnen, bestialische Gräueltaten an der Zivilbevölkerung. Wegzeichen für den Leidensweg von Millionen
Ost- und Sudetendeutschen – nur kam all das nicht von
ungefähr.

3. Kriegsende in Europa

Zu Jahresbeginn 1945 verlief die Ostfront 180 bis
350 km entfernt von der Reichsgrenze 1937 (ausgenom-
men Ostpreußen) entlang der Memel bis Schmalleningken
sowie östlich Insterburgs nach Lomza, erreichte mit dem
Narew Warschau und begleitete die Weichsel bis Deblin.
Danach entwickelte sie sich über Rzeszow in Richtung
Kaschau, folgte der ungarisch-slowakischen Grenze nach
Sahy, erstreckte sich via Gran, Budapest, dem Belaton bis
Legrad an der Drau und von dort nach Bac Palanka. Sie
näherte sich sodann Cazak, durchquerte Jugoslawien im
Vorfeld der Drina-Linie bis Mostar und endete in Zara.

Aus dem Weichsel-Brückenkopf Baranòw-Sandomierz
antretend, leitete die Rote Armee ab dem 12. Januar ihre
die Entscheidung suchende Großoffensive zwischen Memel und Drau ein, an der am Ende acht Heeresgruppen
teilnahmen (1. Baltische, 1.–4. Ukrainische sowie 1.–
3. Weißrussische). Die völlig abgekämpften Divisionen
des Ostheeres konnten dem nichts entgegensetzen.
Trotzdem begann die Evakuierung aus Ostpreußen und
den Häfen der Danziger Bucht erst am 23. Januar 1945.

Das Finale des Kriegs in Europa, in das die Westalliier-
ten mit den am 8. Februar östlich Nijmegen und am 23.
an der Rur eröffneten Schlussoffensiven eingriffen, und
zu dem unter anderem verheerende, aus deutscher Sicht
militärisch schwer zu begründende Luftangriffe gehörten,
stellte für Millionen Deutsche die schrecklichste Phase des
Weltkriegs dar. Jenes Ende dokumentiert aber zugleich,
insbesondere angesichts des sinnlosen, selbstzerstöreri-
schen Kampfes auf dem Reichsgebiet, eine kaum zu über-
bietende Verantwortungslosigkeit der obersten militärischen Führung und ihrer Gerichtsbarkeit – befangen in

Deutsche Ost-Flüchtlinge 1945 auf dem Weg nach Westen.

perverser Loyalität gegenüber einem verbrecherischen
Staatschef. Und das selbst dann noch, als dieser, um sein
Leben um ein paar Tage zu verlängern, Kindersoldaten an
die Front schicken ließ.

Der dramatische Rest kann nüchtern resümiert werden:
Am 12. April verstarb gänzlich überraschend Präsident
Roosevelt. Ihm folgte Harry S. Truman nach, der eine dis-
tanziertere Einstellung zu Stalin besaß. Hitler reagierte
am 15. April mit einem exaltierten Aufruf an die «Soldaten der deutschen Ostfront», in dem es hieß: «Im Augen-
blick, in dem das Schicksal den größten Kriegsverbrecher
aller Zeiten dieser Erde weggenommen hat, wird sich die
Wende dieses Krieges entscheiden.» Und weiter: «Berlin
bleibt deutsch, Wien wird wieder deutsch und Europa
wird niemals russisch.» Angehörige der engsten Umgebung des «Führers» wollten nicht ausschließen, dass er
das ernsthaft annahm. Und mancher hoch gestellte Offizier, wie etwa Generalfeldmarschall A. Kesselring, glaubte
zuversichtlich, dass Hitler dies tatsächlich zu Wege bringen könnte. Die Wirklichkeit sah anders aus. Einheiten
der *US Army* und der Roten Armee reichten sich am
25. April bei Torgau an der Elbe die Hände, am selben
Tag schlossen sowjetische Truppen Berlin ein, das am
2. Mai unter dem Kampfkommandanten General der
Artillerie Helmuth Weidling kapitulierte. Bereits am
30. April verübte Hitler, der kurz zuvor Großadmiral
Dönitz zu seinem Nachfolger als Staatsoberhaupt be-
stimmt hatte, im Bunker unter der Reichskanzlei Selbstmord. Die bedingungslose *militärische* Gesamtkapitulation unterzeichneten Generaloberst Jodl «im Auftrage»
des Oberkommandos der Wehrmacht am 7. Mai in
Eisenhowers Hauptquartier in Reims sowie Generalfeldmarschall Keitel und andere Offiziere am 9. Mai im
sowjetischen Hauptquartier in Berlin-Karlshorst.

Der «Untergeher» Hitler begrüßt 1945 an seinem Geburtstag (20. April) ein «letztes Aufgebot» des «Dritten Reichs».

Die Mitglieder der Regierung Dönitz sahen sich am
23. Mai in die Kriegsgefangenschaft überführt. Am
5. Juni übernahmen die vier «Militärgouverneure» mit
der «Berliner Deklaration» die oberste Gewalt in Deutschland und in ihrer jeweiligen Besatzungszone. Damit trat
das am 14. November 1944 unterzeichnete «Kontrollab-
kommen» in Kraft. Es regelte die Kompetenzen und Aufgaben des «Alliierten Kontrollrats» (Oberbefehlshaber)
als höchster Behörde der Hauptsiegermächte in Deutschland als Ganzem. Zu letzteren gehörte seit der Konferenz
von Jalta (4. bis 11.2.45) auch Frankreich.

Beim Treffen auf der Krim, Deckname «Argonaut»,
mit dem die Kriegspolitik der *Grand Alliance* ihren Höhepunkt erreichte, bestätigte der sowjetische Diktator gegenüber dem britischen Premierminister und dem amerikanischen Präsidenten, dass er drei Monate nach dem
Kriegsende in Europa Japan den Krieg erklären werde.
Ein Chiang Kaishek nicht bekanntes Geheimdokument
sicherte der Sowjetunion dafür ostasiatische Gebiete zu.
Im Mittelpunkt der Gespräche standen Nachkriegsfragen.
Sie betrafen die Vereinten Nationen (Gründungskonferenz 25.4. bis 26.6.45 in San Francisco), die Reparationen, die Vernichtung von «Nazismus und Militarismus», die Zukunft der Rüstungsindustrien, die Kriegsverbrecherprozesse sowie die politische Gestaltung Süd-
ost- und Ostmitteleuropas. Im Hinblick auf Polen legten
die Alliierten eine Ostgrenze fest, die, um das von
Moskau beanspruchte Territorium zu kompensieren, eine
Westverschiebung des Landes implizierte. Das heißt, die
Einigung ging zu Lasten des Deutschen Reichs. Deutliche
Meinungsunterschiede gab es hinsichtlich der von Moskau massiv beeinflussten innerpolnischen Entwicklung.

Ansonsten deutete sich im Verlaufe der Tagung an, dass
es zu einer bipolaren, konfliktären Weltordnung kommen

Soldaten der Roten Armee hissen auf dem Brandenburger Tor die sowjetische Flagge.

könnte. Nichtsdestoweniger überwog vorerst bei allen Beteiligten Zufriedenheit mit den in Jalta erarbeiteten Ergebnissen. Roosevelts Appeasement, so Harry Hopkins, der Sonderbeauftragte des Präsidenten, schien sich auszuzahlen.

Entsprechend hoffnungsvoll begann die Konferenz in Potsdam (17.7. bis 2.8.45), Deckname «Terminal», zwischen Truman, Stalin und Churchill, der nach dem Wahlsieg der *Labour Party* am 26. Juli zurücktrat. Zwei Tage später folgte ihm Clement R. Attlee nach, bisher unter anderem stellvertretender Ministerpräsident und Mitglied des Kriegskabinetts. Die wichtigsten Besprechungspunkte betrafen die deutsche Frage und die Fortsetzung des Kriegs gegen Japan. Auf Deutschland bezogen diskutierten die Sieger über Besatzungszonen, die Erhaltung der ökonomischen Einheit, Reparationen, Wirtschaftskontrolle, Demontagen, Gebietsabtretungen, Umsiedlungen aus Polen, Ungarn und der Tschechoslowakei, Kriegsverbrechen, Entnazifizierung, Demilitarisierung, Demokratisierung und Wiedergutmachung. «Terminal» scheiterte zwar nicht, aber die Basis für eine einvernehmliche Deutschland- und Weltpolitik war nach der letzten Kriegskonferenz sehr viel schmaler.

4. Finale im Fernen Osten

Amerikaner, Briten und Chinesen appellierten mit der «Potsdamer Erklärung» vom 26. Juli an Japans Regierung, die «bedingungslose Kapitulation aller ihrer Streitkräfte zu vollziehen». Hinzu traten territoriale, wirtschaftliche, rechtliche und die politische Kultur berührende, alles in allem annehmbare «Bedingungen». Nur sahen das Tokyos Falken ganz anders. Sie setzten die Ablehnung des Ultimatums durch, obwohl selbst der Kaiser

*Die «Großen Drei» in Jalta – Winston S. Churchill,
Franklin D. Roosevelt und Josef V. Stalin.*

empfahl, den Krieg durch sowjetische Vermittlung zu beenden. Japans Hardliner ignorierten zudem die erdrückende militärische Überlegenheit der *Anti-Nippon-Koalition*.

Im Juni 1943 hatte diese eine Offensive im südwestpazifischen Raum begonnen. MacArthurs Soldaten landeten auf den Salomon-Inseln New Georgia und Rendova sowie nördlich davon auf Vella Lavella. Dabei umgingen und isolierten sie die mächtige Garnison auf Kolombangara. Zum ersten Mal praktizierten die amerikanischen Streitkräfte hier ihre Taktik des Inselspringens: Umgehung und Isolation, das heißt operatives Ausschalten starker Stützpunkte, durch Eroberung benachbarter schwacher Basen. Ein Verfahren, das eigene Verluste vermied, aber auf den eingeschlossenen Inseln oft zu katastrophalen Lebensbedingungen führte. Im November 1943 setzte das Ringen um Bougainville (Salomonen) ein. Danach starteten systematische Luftangriffe gegen Rabaul (New Britain), Japans gewaltigsten Stützpunkt im Südpazifik, der nach der Befreiung der *Admiralty Islands* im Mai 1944 als dauerhaft neutralisiert galt.

Eine zweite, im November 1943 im Zentralpazifik, der zum Befehlsbereich von Admiral Nimitz gehörte, ausgelöste Offensive befreite am 23. Tarawa (Gilbert-Inseln) und öffnete den Weg zu den Marshall-Inseln. Im Januar 1944 nahmen die Amerikaner dort Kwajalein, Majuro sowie Roi-Namur, Mitte Februar das 500 km nordwestlich gelegene Eniwetok in Besitz. Bis Ende April zerstörten sie Nippons Hauptstützpunkt im zentralpazifischen Seegebiet, das Atoll Truk (Karolinen). Gleichzeitig versetzten U-Boote der *US Navy* dem japanischen Nachschubverkehr seit Ende 1943 härteste Schläge, wobei anzumerken ist, dass nicht der strategische Bombenkrieg, sondern die von der *US Navy* und der *US Army Air Force*

durchgeführte Blockade des Mutterlandes Tokyos Kriegs-
industrie fast zum Erliegen brachte.

Wird der Blick nun auf das Festland gelenkt, wo nach
Pearl Harbor der chinesisch-japanische Krieg mit dem
Weltkrieg verschmolz, so zeigt sich, dass das Kaiserreich
bis April 1944 ungefährdet ein Gebiet besetzt hielt, das
die Innere Mongolei nördlich der Großen Mauer bei
Datong-Beijing umfasste, sich von jenem Kulturdenkmal
1300 km nach Süden ausdehnte, etwa bis zur Linie
Changde-Wenzhou, und im beschriebenen Raum von der
Ostküste zwischen 400 und 1000 km nach Westen reichte.

Während sich die Alliierten quer durch den Pazifik an
die 5000 km entfernten japanischen Hauptinseln heran-
kämpften, um die Voraussetzungen für die bis Juli 1945
als notwendig erachtete Invasion zu schaffen, versuchten
die Japaner, dem im Februar 1944 mit einem Vorstoß von
West-Burma nach Ostindien entgegenzuwirken. Die Operation, an der sich auch die «Nationalarmee» von S. Ch.
Bose beteiligte, endete mit der größten Niederlage in der
Geschichte der kaiserlichen Armee.

Erfolgreich verlief hingegen Japans letzte Großoffensive
(Deckname ICHI-GO), die im April 1944 begann. Die
Angreifer schufen eine Landverbindung zum 850 km entfernten Indochina und okkupierten weite Gebiete Zent-
ral- sowie Südchinas, wovon Chiang Kaishek nur noch
kleine Teile kontrollierte. Sie vernichteten de facto die na-
tionalchinesische Armee, beherrschten durch Besetzung
oder starke Brückenköpfe die chinesische Gegenküste und
eroberten alle von der *US Army Air Force* für ihre Einsätze genutzten Stützpunkte (ab November 1944 bombardierten die Amerikaner Japan von Guam und Saipan
aus). So gesehen bestand Chinas Bedeutung im Frühjahr
1945 vor allem darin, dass es eine Million gegnerischer
Soldaten band.

Inzwischen hatte die Doppeloffensive im Pazifik im Juni 1944 die Marianen erreicht – bis zum 11. August kam es zur Befreiung der amerikanischen Insel Guam und der japanischen Mandatsinseln Saipan sowie Tinian. Dabei kam es zu der für die kaiserliche Marine verheerenden See-Luft-Schlacht in der Philippinen-See. Nippons zurückverlegte Verteidigungslinie verlief nun von den Philippinen über Taiwan, die Ryukyu-Inseln und das Mutterland zu den Kurilen. Bis Ende Juli befreiten australische sowie amerikanische Truppen Neuguinea. Lediglich isolierte Reste der japanischen 18. Armee verteidigten sich noch auf der Insel. Mitte September folgten der Landung auf Peleliu, zur Palau-Gruppe gehörend, mehrwöchige, sehr verlustreiche Kämpfe. Das Koralleneiland sollte bei der Befreiung der Philippinen, die am 20. Oktober mit der Landung der 6. US-Armee auf Leyte begann, die rechte Flanke MacArthurs schützen. Die Truppen des Generals rangen noch um die Erweiterung des Landekopfes, als Amerikaner und Japaner in der Leytebucht die größte Seeschlacht aller Zeiten schlugen (24. bis 25.10.44). Des Tennos Admiräle spielten alles oder nichts – und verloren! Danach ließ sich die Rückeroberung der Philippinen, wo die Gefechte bis zum Juni 1945 andauerten, nicht mehr verhindern.

Schon am 19. Februar 1945 hatte Nimitz die Invasion auf der 1045 km südlich von Tokyo gelegenen Insel Iwojima befohlen. Ihre nicht zwingend notwendige Einnahme führte zu einem äußerst blutigen, 36 tägigen Kampf.

Den strategischen Schlussstein der alliierten Pazifikoffensiven bildete die Eroberung von Okinawa, 550 km entfernt von Kyusyu, der südlichsten japanischen Hauptinsel. Okinawas Besitz galt aufgrund der nach wie vor geplanten Invasion in Japan als unverzichtbar, und am 1. April landeten – unterstützt von über 1200 Kriegs-

schiffen – vier amerikanische Divisionen. Die zermürben-
den Kämpfe von 180000 Amerikanern gegen 110000
Japaner, die über hervorragend ausgebaute Verteidigungsstellungen verfügten, endeten erst am 21. Juni 1945. Bei
der Abwehr der Landungsstreitmacht und in den Gefech-
ten im Inselvorfeld erwiesen sich die Kamikazeflieger, die
bis zu 2000 Einsätze flogen, als wirkungsvollste japanische Waffe. Die US Navy erlitt bei Okinawa die schwersten Verluste des Weltkriegs. Insgesamt beklagten die Angreifer 12500 Gefallene und 37000 Verwundete. Von den
Verteidigern überlebten lediglich 7400 Mann. Wie auf
Saipan, wo 1944 Tausende Zivilisten, nicht immer frei-
willig, ihre Familien und sich selbst töteten, statt sich zu
ergeben, so befahlen auch auf Okinawa Offiziere der Bevölkerung, den Tod der Kapitulation vorzuziehen. Rund
150000 Menschen verloren auf der Insel ihr Leben durch
Kriegseinwirkung, japanische Militärs, Freunde, Ver-
wandte oder eigene Hand.

Angesichts der Ereignisse auf Okinawa sahen die Alliierten einer Landung auf den japanischen Hauptinseln
besorgt entgegen. Sie ahnten, dass die vom Kriegsminis-
ter, General Korechika Anami, vom Chef des Generalstabs, General Hoshijiro Umezu, und vom Chef des
Admiralstabs, Admiral Soemu Toyoda, angeführte radi-
kale Militärclique – nach fanatischem Widerstand – das
Volk eher in den kollektiven Selbstmord treiben als sich
ergeben würde. Aufgrund der gesammelten Erfahrungen
rechneten Amerikaner und Briten bei der Invasion auf
Kyusyu mit mindestens 250000 Gefallenen sowie Verwundeten. Bei der Eroberung des ganzen Mutterlandes
hätte sich ihre Zahl im Extremfall auf bis zu 1,5 Millionen erhöhen können.

In einer derartigen Situation erfuhr Truman am 17. Juli
1945 während der Potsdamer Konferenz, dass die Verei-

nigten Staaten über die Atombombe verfügten. Churchill schreibt in seinen Memoiren, dass er und der Präsident gar nicht darüber sprachen, ob die «Atombombe anzuwenden sei oder nicht». Sie erschien ihnen als ein «wahres Wunder der Erlösung», befreite beide vom «Albdruck» der Invasion. Am 26. Juli erging sodann das erwähnte Ultimatum, das die Japaner zwei Tage später ablehnten, wohl in der Annahme, dass die Westmächte letzten Endes wegen der zu erwartenden hohen Verluste vor der Landungsoperation zurückschrecken und zu einem Kompromissfrieden bereit sein würden. Japans Falken pokerten, obwohl die Nation bei einem Luftangriff mit Brandbomben (in der Nacht vom 9. auf den 10. März 1945) in Tokyo 83 000 bis 100 000 Tote beklagte. Überhaupt ließen sie die Folgen der strategischen Luftoffensive unbeachtet. Jene setzte am 15. Juni 1944 ein, und bis zum August 1945 warfen Superbomber des Typs B 29 Bomben mit einem Gesamtgewicht von 169 700 Tonnen ab. Ende Juli 1945 lagen die meisten Städte und größeren Ortschaften in Schutt und Asche. Wirtschaft, Industrie, Verkehrs- und Nachrichtensystem galten als zerstört oder gelähmt.

Truman wiederum hatte im Grunde keine Wahl. Im Besitz der Bombe, und wissend, dass das amerikanische Volk ein schnelles Kriegsende wünschte, musste er diese einsetzen, um Japan zur Kapitulation zu zwingen. Am 6. August erlebte Hiroshima, am 9. Nagasaki den Atombombenabwurf: bis zu 212 545 Tote und 154 000 Verwundete werden genannt. Ein Doppelschlag, dessen Wirkung noch dadurch erhöht wurde, dass Moskau Tokyo am 8. August den Krieg erklärte und am folgenden Tag mit drei Heeresgruppen eine Großoffensive gegen die hoffnungslos unterlegene Kwantung-Armee startete. Japan bekundete daraufhin am 10. August seine Bereit-

*Das grausame Ende des alten Hiroshima markiert zugleich
den Anfang des Atomzeitalters.*

schaft, die Potsdamer Erklärung anzunehmen. Doch die Militärclique legte sich erneut quer, sie wollte den Krieg fortsetzen und erwog sogar den Staatsstreich. Nippon, das noch große Gebiete in China, Südostasien und Indonesien besetzt hielt, was bei manch einem den Wirklichkeitssinn getrübt haben mag, durchlebte eine ernste Krise. Aber am 14. August, der Tenno warf erneut seine ganze Autorität für die Friedenspartei in die Waagschale, erklärte sich das Land endgültig bereit, die Bedingungen der Potsdamer Erklärung zu erfüllen. Am 2. September unterzeichneten Vertreter Japans und der *Grand Alliance* auf dem US-Schlachtschiff «Missouri» die Kapitulation.

VII   Das Erbe des Zweiten Weltkriegs

Als die Waffen schwiegen, endete ein globaler System-
konflikt, der in Europa ebenso wie in Asien über weite
Strecken Vernichtungscharakter besaß, und in dem von
1939 bis 1945 etwa 110 Millionen Soldaten unter Waffen
standen. Mehr als 60 Millionen Menschen starben bei
Kampfhandlungen regulärer Truppen im Land-, Luft- und
Seekrieg, als Opfer des Genozids, im Partisanenkampf,
durch Repressalien sowie Kriegs- und Vertreibungs-
verbrechen. Die dazu existenten Zahlen sind bekanntlich
nicht absolut zuverlässig und oft widersprüchlich. Geht
man jedoch von den in der einschlägigen Literatur genannten Höchstzahlen aus, dann wäre unstrittig, dass die
Sowjetunion mit 25, China 15, Deutschland 7, Polen 6
und Japan 2,5 Millionen Toten die größten Verluste ver-
zeichneten. Außerdem kam es in Europa und Asien durch
Flucht sowie zwangsweise Aussiedlung zu Bevölkerungsverschiebungen, die viele Millionen Menschen betrafen.
Zu erinnern ist ferner an das Los der Zwangsarbeit ver-
richtenden Frauen und Männer. Im Dritten Reich handelte es sich um nicht weniger als 7,8 und in Japan 2,1 Millionen Personen.

Hinzu traten die materiellen Schäden, die insbesondere
in Osteuropa, in China und, was die Städte sowie das
Verkehrswesen anbelangt, in Japan und Deutschland ein
riesiges Ausmaß erreichten. Zerstört wurden zum Beispiel
in der Sowjetunion 1710 Städte und 70000 Dörfer, im
Ganzen 6 Millionen Gebäude; in Deutschland 1,63 Millionen Gebäude mit 5 Millionen Wohnungen; und in

Japan 3,7 Millionen Wohnungen. Schätzungen für die gesamte materielle Kapitalvernichtung variieren deutlich. Das gilt auch für die Verluste, welche die nationalen Volkswirtschaften als indirekte Folgen des Kriegs erlitten.

Andererseits zählen viele technische und wissenschaftliche Neuerungen zum Erbe des Zweiten Weltkriegs. Die Vereinigten Staaten bauten die Atombombe und ebneten den Weg zur Nutzung der problembeladenen Atomkraft. Mit dem Düsenflugzeug bahnte sich, von seiner militärischen Bedeutung ganz abgesehen, eine Revolutionierung des zivilen Luftverkehrs an; und der Krieg legte die Fundamente für die Raumfahrt. Zu erwähnen sind darüber hinaus das Radar, die Computertechnologie, die Informatik, Produktionstechniken für die Massenfertigung, neue Medikamente und medizinische Verfahren.

Zu den wesentlichen Implikationen des Kriegs gehörten gesellschaftliche und sittliche Phänomene, die freilich nicht alle für jedes Land gleichermaßen erheblich gewesen sind, etwa: Die Ermordung der europäischen Juden, bei der die Schuldfrage unter kriminellen, politischen, moralischen und metaphysischen Gesichtspunkten zu beantworten wäre; der Krankenmord der Nazis; die Kriegsverbrechen in Asien und Europa sowie deren in Deutschland, Italien und Japan höchst unbefriedigende Ahndung; die Behandlung der Kriegsgefangenen, von denen in japanischer Gefangenschaft 27% der angloamerikanischen, in deutscher 58% der sowjetischen und in sowjetischer 12% der deutschen starben; die Auseinandersetzung mit Kollaborateuren; die Konsequenzen der Bürgerkriege in Griechenland und Italien; die sozialen Auswirkungen von Bombardierung, Umsiedlung und Zusammenbruch; die Erweiterung des Demokratisierungsprozesses; das Bemühen, in einer offener gewordenen Welt allgemeine Chancengleichheit zu schaffen; der Versuch, die Klassengesellschaft abzubauen; die Emanzipation der Frauen. Ihr millionenfacher Einsatz als Arbeiterinnen in allen Wirtschaftszweigen, als Hilfskräfte im militärischen Bereich, als Flakwaffenhelferinnen, Sanitätspersonal, reguläre Soldatinnen sowie Partisaninnen zeitigte Folgen, die das traditionelle Frauenbild und das bis zum Kriegsbeginn anerzogene weibliche Selbstverständnis radikal in Frage stellten.

Der «Große Krieg» veränderte die globale Mächtekonstellation. Politisch als bipolare Ordnung der ideologisch geteilten Welt und militärisch als Gleichgewicht des Schreckens im Kalten Krieg, bestand das modifizierte internationale System nahezu 50 Jahre. Europa blieb dabei im Mittelpunkt des Geschehens, doch seine Länder verwandelten sich von Subjekten zu Objekten der Weltpolitik. Ganz unmittelbar zeigte sich das in Bezug auf die besiegte Großmacht Deutschland. Ihre Niederlage fiel so total aus, dass ein Nichtwahrhabenwollen des Geschlagenseins im Stil von 1918 ausschied. Dies erleichterte die Eingliederung in die Gemeinschaft der demokratischen Staaten. Ähnlich verhielt es sich mit Japan, das im Friedensvertrag von San Francisco (8.9.51), den China und die Sowjetunion nicht unterzeichneten, mit dem Kolonialreich seinen Großmachtstatus verlor.

Bei den Siegern trat der machtpolitische Umbruch erst im Verlauf der Dekolonisation zutage, die, wie die Gründung der Vereinten Nationen und die Fortentwicklung des Völkerrechts, zu den universalhistorischen Folgen des Weltkriegs gehört. Die Vereinigten Staaten entließen die Philippinen bereits am 4. Juli 1946 in die Unabhängigkeit. Italien verzichtete am 10. Februar 1947 im Friedensvertrag von Paris, der zudem Finnland, Bulgarien, Rumänien und Ungarn betraf, auf seine Kolonien. Anschließend erfasste die Auflösung der Kolonialreiche Belgien,

Frankreich, Großbritannien, die Niederlande, Portugal und Spanien. Sie verlief als Emanzipationsbewegung unterdrückter Völker in Asien, im Nahen Osten und in Afrika unterschiedlich. Doch die weltgeschichtliche Bedeutung der tief greifenden Veränderung, die zahlreiche souveräne Staaten hervorbrachte, und in deren Verlauf sich das Drama der europäischen Geschichte im Spannungsbogen von Nationalstaat, Diktatur, Demokratisierung und Industrialisierung mit anderen Protagonisten in gewisser Weise wiederholte, steht außer Frage.

Ebenfalls zum Erbe des Zweiten Weltkriegs gehört der Aufbau von integrativen Gemeinschaftsstrukturen, an den sich europäische Staaten machten. Das zeigt, dass Europa zunehmend als demokratisches, den Frieden stabilisierendes Projekt begriffen wird. Mit jahrzehntelangem Abstand vom Kriegsende schickt es sich als Europäische Union an, eine eigenständige, attraktive weltpolitische Kraft zu werden.

Die Epoche der Weltkriege scheint in der großen Politik abgeschlossen zu sein, die Teilung der Welt ist seit dem «Vertrag über die abschließende Regelung in Bezug auf Deutschland» vom 12. September 1990, der unter anderem die Grenzen des vereinten Deutschlands festschrieb, endgültig überwunden, kein «Eiserner Vorhang» trennt die Völker. Dennoch wirkt der Zweite Weltkrieg in verschiedenen Lebensbereichen weiterhin nach.

VIII   Nachwort

Dass sich an diesem Sachverhalt in absehbarer Zukunft kaum Wesentliches ändern dürfte, deutet sich unter anderem in der gewaltigen medialen «Erinnerungsschlacht» an (Norbert Frei), die anlässlich des 60. Jahrestags der Befreiung Europas und der Welt vom Nationalsozialismus tobt.

Es gibt nach wie vor zu viele offene historische, politische und psychosoziale Fragen, zu tief sind die Wunden, die im Zweiten Weltkrieg geschlagen wurden, und zu unbefriedigend ist, trotz der in Deutschland und in anderen Ländern geführten Kriegsverbrecherprozesse, die juristische Aufarbeitung des Geschehens zwischen 1939 und 1945, die bald im «kalten Krieg» versandete, ganz zu schweigen vom Umgang mit Entschädigungsforderungen.

Auf den strafrechtlichen Kontext bezogen darf es durchaus als signifikant angesehen werden, dass vor der deutschen Wiedervereinigung im Jahr 1990 das Problem der «Unterlassung» bei der Auseinandersetzung mit den staatlich legitimierten NS-Verbrechen augenscheinlich keine Rolle spielte.

Man wundert sich darüber hinaus, mit welchem Erfolg gezielt ausgelöste Hitler-Wellen im Erinnerungsbett rollen. Und wie erklärt sich, dass nach einigen hunderttausend Büchern über Hitler, die nationalsozialistische Zeit und den Zweiten Weltkrieg, Bernd Eichingers Film «Der Untergang», der auf jede historische Einordnung und Interpretation verzichtet, der, schlimmer noch, den «Führer» ohne sein ihm bis zuletzt getreues Volk darstellt, also das Erhellende im Dunkeln lässt, in den deutschen Medien heftig und überwiegend positiv aufgenommen wurde?

Findet all das eine Antwort in jenem Wechsel der Perspektive, der sich in der Novelle «Im Krebsgang» von Günter Grass und noch viel radikaler in Jörg Friedrichs Untersuchung «Der Brand» über Deutschland im Bombenkrieg Ausdruck verschafft? Auf den Punkt gebracht: Deutsche Kriegsopfer und die von Deutschen zu Opfern gemachten Menschen als Leidende sozusagen auf Augenhöhe?

Gleichzeitig ist zu konstatieren, dass sich die Vergangenheit am Anfang des 21. Jahrhunderts in «atemberaubenden Tempo» historisiert (Gunter Hofmann). Dafür steht sinnbildlich die Einladung des deutschen Bundeskanzlers zu den Feiern anlässlich des 60. Jahrestags der Landung – nicht Invasion – der Alliierten in der Normandie. Ein paar Wochen danach, am 1. August, weilte er in der polnischen Hauptstadt, um an den Feierlichkeiten zur Erinnerung an den Warschauer Aufstand vor 60 Jahren teilzunehmen. Und im Jahr 2005, wenn sich das Ende des Krieges in Europa zum sechzigsten Male jährt, wird Gerhard Schröder am 9. Mai den Siegesfeiern in Moskau beiwohnen: Historisierung auf der obersten politischen Ebene! Doch ansonsten, einige Etagen tiefer, wissen die Menschen alles in allem noch immer recht wenig voneinander. Dazu, dass sich das ändert, mag diese «Kurze Geschichte des Zweiten Weltkriegs» beitragen, die versucht, das Werden des zweiten «Großen Krieges» verständlich und sein Wesen anschaulich zu machen.

Der Verfasser dankt Herrn Dr. Jürgen Förster (Freiburg), Herrn Friedrich Haber (Strande), Herrn Dr. Dieter Hartwig (Kiel), Herrn Dr. Klaus A. Maier (Schliengen), Herrn Prof. Dr. Wolfgang Michalka (Heidelberg), Herrn

Dr. Rüdiger Overmans (Freiburg), Herrn Dr. Werner
Rahn (Berlin) und Herrn Dr. Walter Schwengler (Freiburg) für hilfreiche Hinweise. Dank gebührt außerdem
den Angehörigen des Verlagslektorats, vor allem Herrn
Dr. Detlef Felken für eine stets angenehme Zusammenarbeit.

Anhang

Chronologie der transnationalen Entwicklung von 1931 bis 1945

1931

18.09. Der Beginn der japanischen Besetzung der Mandschurei führt zum Kriegszustand mit China.

1932

08.11. Franklin D. Roosevelt wird zum Präsidenten der USA gewählt.

1933

30.01. Reichspräsident Paul v. Hindenburg beruft Adolf Hitler zum Reichskanzler (so genannnte nationalsozialistische Machtergreifung).

27.03. Japan tritt aus dem Völkerbund aus.

20.07. Abschluss des Konkordats zwischen Deutschem Reich und Vatikan.

14.10. Deutschland verlässt die Abrüstungskonferenz und den Völkerbund.

1934

26.01. Abschluss des deutsch-polnischen Nichtangriffspakts und Freundschaftsvertrags.

02.08. Tod Hindenburgs, das Amt des Reichskanzlers wird mit dem des Reichspräsidenten vereinigt und die Wehrmacht auf Hitler als «Führer und Reichskanzler» vereidigt.

18.09. Die Sowjetunion tritt dem Völkerbund bei.

1935

01.03. «Rückgabe» des Saargebiets an das Deutsche Reich.

06.03. Frankreich kündigt die Wiedereinführung der allgemeinen Wehrpflicht an.

16.03. Die Regierung Hitler erklärt die Rüstungsbeschränkungen des Friedensvertrags von Versailles für nichtig und führt die allgemeine Wehrpflicht wieder ein.

11.04. Beginn der Konferenz von Stresa zwischen Frankreich, Großbritannien und Italien.

17.04.   Der Völkerbund verurteilt den Vertragsbruch des Deut-
         schen Reiches.

18.06.   Deutsch-britisches Flottenabkommen.

03.10.   Italien greift Äthiopien an.

11.10.   Der Völkerbund verhängt Sanktionen gegen Italien.

23.12.   Die italienischen Streitkräfte setzen in Äthiopien Giftgas
         ein.

1936

15.01.   Durch das Scheitern der Londoner Flottenkonferenz
         droht ein Wettrüsten zur See.

07.03.   Deutsche Soldaten marschieren in das entmilitarisierte
         Rheinland ein.

05.05.   Italienische Truppen besetzen Addis Abeba.

04.07.   Der Völkerbund billigt die Einstellung der gegen Italien
         verhängten Sanktionen.

18.07.   Beginn des Spanischen Bürgerkriegs.

25.10.   Mit dem deutsch-italienischen Vertrag entsteht die
         «Achse Berlin-Rom».

03.11.   Wiederwahl von Präsident Roosevelt.

25.11.   Deutschland und Japan unterzeichnen den Anti-
         kominternpakt.

1937

07.07.   Nach einem Zusammenstoß japanischer und chinesi-
         scher Truppen an der Peripherie von Peking (Marco-
         Polo-Brücke) kommt es zum japanisch-chinesischen
         Krieg.

05.10.   Roosevelt erteilt der Neutralitätspolitik der USA eine
         klare Absage (antijapanische Quarantänerede).

06.11.   Rom tritt dem Antikominternpakt bei.

11.12.   Italien verlässt den Völkerbund.

13.12.   Nach dem Fall von Nanking begehen japanische Soldaten
         bestialische Exzesstaten.

1938

13.03.   Der «Anschluss» von Österreich an das Deutsche Reich ist
         vollzogen.

29.09.   Beginn der Konferenz von München (bis 30.9.).

01.10.   Deutsche Truppen marschieren in sudetendeutsche Gebiete
         ein.

02.10.   Polnische Truppen besetzen im tschechoslowakischen
         Grenzraum Olsa-Schlesien.

09.11.   Nationalsozialistische antijüdische, mörderische Gewalt-
         tätigkeiten («Reichskristallnacht»).

1939

15.03.   Erpresserische Herstellung des «Reichsprotektorats
         Böhmen und Mähren» durch das NS-Regime.

23.03.   Einrücken deutscher Soldaten ins Memelgebiet.

27.03.   Spanien tritt dem Antikominternpakt bei.

28.03.   Francos Truppen besetzen Madrid, der Spanische Bürger-
         krieg ist de facto beendet.

31.03.   Britisch-französische Garantieerklärung für Polens territo-
         riale Integrität.

07.04.   Italienische Invasion in Albanien, König Ahmed Zogu
         geht ins Exil.

15.04.   Roosevelt verlangt von Hitler und Mussolini den Verzicht
         auf weitere Aggressionen.

17.04.   Stalins Annäherung an Deutschland beginnt.

26.04.   Großbritannien führt die allgemeine Wehrpflicht
         ein.

28.04.   Hitler kündigt das deutsch-britische Flottenabkommen
         und den Nichtangriffspakt mit Polen.

12.05.   Britisch-türkische Beistandserklärung, der Paris später
         beitritt.

22.05.   Berlin und Rom gehen ein Militärbündnis ein («Stahl-
         pakt»).

31.05.   Deutschland schließt mit Estland, Lettland und Dänemark
         Nichtangriffspakte ab.

20.08.   Die sowjetische Fernostarmee bereitet der japanischen
         Kwantung-Armee bei Nomonhan-Haruha eine vernich-
         tende Niederlage.

23.08.   Abschluss des deutsch-sowjetischen Nichtangriffspakts.

25.08.   London und Warschau unterzeichnen einen Bündnisver-
         trag (Beistandsverpflichtung).

01.09.   Krieg in Europa, Deutschland überfällt Polen.

03.09.   Großbritannien, Australien, Indien, Neuseeland und
         Frankreich erklären dem Deutschen Reich den Krieg.

06.09.   Südafrika erklärt dem Deutschen Reich den Krieg.

10.09.   Kanada erklärt Deutschland den Krieg.

17.09.   Die «Rote Armee» marschiert – wie mit Berlin vereinbart
         – in Ostpolen ein.

23.09.   Das Oberkommando der Wehrmacht gibt bekannt, der
         «Feldzug in Polen ist beendet».

25.10.	Schaffung des «Generalgouvernements für die besetzten polnischen Gebiete».
08.11.	Der Schreiner Johann Georg Elser versucht, Hitler durch ein Sprengstoffattentat im Münchener Bürgerbräukeller umzubringen. Der Versuch missglückt, weil der Diktator das Lokal früher als eingeplant verlässt. Elser wurde am 9.4.45 im KZ-Dachau ermordet.
30.11.	Die Sowjetunion überfällt Finnland.
14.12.	Der Völkerbund schließt Moskau als Aggressor aus der Staatengemeinschaft aus.

1940

12.03.	Unterzeichnung des finnisch-sowjetischen Waffenstillstands- und Friedensvertrags.
09.04.	Die deutsche Invasion in Dänemark und Norwegen beginnt.
14.04.	Alliierte Truppen landen in Norwegen.
16.04.	Britische Einheiten besetzen widerstandslos die dänischen Färöer-Inseln.
10.05.	Die Wehrmacht greift im Westen an, Kriegszustand mit den Niederlanden, Belgien und Luxembourg. Britische Truppen besetzen Island. Nach dem Rücktritt von A. N. Chamberlain bildet W. S. Churchill eine Koalitionsregierung.
14.05.	Verheerender deutscher Luftangriff auf Rotterdam (bis zu 980 getötete Zivilisten, große Zerstörungen).
15.05.	Großbritannien startet den strategischen Luftkrieg gegen Deutschland. Militärische Kapitulation der Niederlande.
26.05.	Operation «Dynamo», die Evakuierung des britischen Expeditionskorps und französischer Streitkräfte aus Dünkirchen läuft an (beendet am 4.6.).
28.05.	Belgiens Streitkräfte kapitulieren.
03.06.	Die alliierten Einheiten beginnen, sich aus Norwegen zurückzuziehen.
10.06.	Italien tritt auf deutscher Seite in den Krieg ein.
14.06.	Deutsche Truppen besetzen kampflos Paris.
22.06.	Unterzeichnung des deutsch-französischen und am 24.6. des italienisch-französischen Waffenstillstands.
01.07.	Die französische Regierung unter Marschall H. P. Pétain nimmt Sitz in Vichy.
10.07.	Beginn der Luftschlacht über Großbritannien, am 13.8. («Adlertag») verschärft. Es gelingt nicht, erfolgversprechende Voraussetzungen für die Invasion in England zu

schaffen. Am 17.9. lässt Hitler die Landung «bis auf
weiteres» verschieben.

19.07. Roosevelt unterschreibt die «Two Ocean Navy Expansion
Act».

21.07. Die Baltischen Staaten müssen den Status von Sowjetrepubliken annehmen.

22.09. Japan zwingt die Vichy-Regierung, ihm Militärstützpunkte
in Nord-Indochina zu überlassen.

26.09. Washington verhängt gegenüber Tokyo ein Embargo für
Eisen und Schrott.

27.09. Deutschland, Italien und Japan unterzeichnen den «Dreimächtepakt».

28.10. Italien überfällt Griechenland.

05.11. Roosevelt wird zum dritten Mal zum Präsidenten der
USA gewählt.

12.11. Der sowjetische Volkskommisssar für Auswärtige Angelegenheiten W. M. Molotov trifft zu Besprechungen in
Berlin ein.

20.11. Ungarn tritt dem Dreimächtepakt bei, am 23. folgt
Rumänien und am 24. die Slowakei.

07.12. Franco lehnt den Kriegseintritt Spaniens auf deutscher
Seite definitiv ab.

18.12. Hitler unterzeichnet die Weisung Nr. 21, «Barbarossa»
(Überfall auf die Sowjetunion).

1941

19.01. Beginn des zweitägigen Treffens von Hitler und Mussolini.
Italien, das auf militärische Hilfe angewiesen ist, hat sich
der deutschen Politik und Kriegführung unterzuordnen.

11.02. Erste Einheiten der Wehrmacht treffen in Tripolis (Libyen)
ein.

01.03. Bulgarien tritt dem Dreimächtepakt bei.

04.03. Operation «Lustre», die Verlegung britischer Truppen
von Nordafrika nach Griechenland läuft an.

11.03. Die amerikanische «Lend-Lease-Act» (Pacht- und Leih-
gesetz) tritt in Kraft.

24.03. Eine deutsch-italienische Aufklärungsoperation entwickelt sich – unvorhergesehen – zur Rückeroberung
der Cyrenaika.

27.03. Für den Fall, dass die USA in den Krieg eintreten sollten,
definieren amerikanisch-britische Stabsbesprechungen eine
gemeinsame strategische Konzeption («Germany first»).

30.03.   Hitler verpflichtet mehr als 200 Oberbefehlshaber von
         Heeresgruppen, Luftflotten und Armeen sowie die Be-
         fehlshaber von Panzergruppen und Fliegerkorps mitsamt
         den Chefs der jeweiligen Generalstäbe auf einen verbre-
         cherischen, rassenideologischen Vernichtungskrieg im
         Osten.

06.04.   Deutschland – unterstützt von Italien, Ungarn (ab 11.4.)
         und Bulgarien (ab 19.4.) – greift Jugoslawien und Grie-
         chenland an.

13.04.   Abschluss des japanisch-sowjetischen Neutralitätsvertrags.

17.04.   Die jugoslawischen Streitkräfte kapitulieren.

23.04.   Griechenlands Streitkräfte kapitulieren (zum dritten Mal).

18.05.   Italiens Hauptkräfte in Ostafrika kapitulieren.

20.05.   Deutsche Luftlandung auf Kreta, die Insel befindet sich
         am 1.6. in deutsch-italienischer Hand.

08.06.   Britische und freifranzösische Einheiten greifen Syrien an.

14.06.   Sperrung der deutschen und italienischen Guthaben in
         den USA.

15.06.   Kroatien tritt dem Dreimächtepakt bei.

18.06.   Deutschland und die Türkei schließen einen Freundschafts-
         vertrag ab.

22.06.   Ohne Kriegserklärung überfällt Deutschland die Sowjet-
         union, umgehend unterstützt von Italien und Rumänien.

23.06.   Die Slowakei erklärt der Sowjetunion den Krieg.

26.06.   Finnland erklärt der Sowjetunion den Krieg.

27.06.   Ungarn erklärt der Sowjetunion den Krieg.

29.06.   Das Zentralkomitee der KPdSU erhebt die Abwehr der
         Aggressoren zum «Großen Vaterländischen Krieg der
         Sowjetunion».

04.07.   Jugoslawiens Kommunistische Partei (Generalsekretär
         Josip Broz-Tito) beschließt den «bewaffneten Aufstand»
         gegen die Besatzungsmächte.

07.07.   US-Truppen lösen die britischen Einheiten auf Island ab.

09.07.   Die «Rote Armee» unterliegt in der «Doppelschlacht von
         Bialystok und Minsk».

12.07.   Britisch-sowjetisches Abkommen über gegenseitige Hilfe-
         leistung. Man verpflichtet sich, keinen Separatfrieden ab-
         zuschließen.

14.07.   Waffenstillstand in Syrien.

17.07.   Das «Reichsministerium für die besetzten Ostgebiete»
         wird errichtet.

25.07.   Japanische Truppen marschieren in Süd-Indochina ein.

26.07.   Sperrung der japanischen Guthaben in den USA.

01.08.   Washington verhängt gegenüber allen «Aggressoren» ein
          Ölembargo.

05.08.   Die Heeresgruppe Mitte obsiegt in der Kesselschlacht von
          Smolensk.

08.08.   Deutscher Sieg in der Kesselschlacht von Uman.

14.08.   Nach ihrem Treffen in der Argentia-Bucht (Neufundland
          9.–12.8.) verkünden Roosevelt und Churchill die «Atlan-
          tik-Charta».

24.08.   Die Deutschen siegen in der Schlacht bei Gomel.

25.08.   Britische und sowjetische Truppen besetzen gewaltsam
          den neutralen Iran.

07.09.   Der deutsche Angriff an der Eismeerfront scheitert.

08.09.   Leningrad (Sankt Petersburg) ist ohne Landverbindung.

19.09.   Die 6. Armee erobert Kiew.

26.09.   Einheiten der Heeresgruppen Süd und Mitte siegen in der
          großen Kesselschlacht östlich von Kiew.

28.09.   Drei-Mächte-Konferenz in Moskau (bis zum 4.10.).

29.09.   Unter deutscher Verantwortung beginnt in der Schlucht
          von Babi Jar (bei Kiew) die Ermordung (bis 30.9) von
          33 771 jüdischen Menschen.

02.10.   Die Heeresgruppe Mitte tritt zum Angriff auf Moskau an
          (Unternehmen «Taifun»), das Gros der Heeresgruppe Süd
          marschiert in Richtung Donec, Char'kow und Kursk.

10.10.   Erfolgreicher Abschluss der «Schlacht am Asowschen
          Meer».

16.10.   Die sowjetische Regierung und das diplomatische Korps
          übersiedeln von Moskau nach Kujbyschew an der Wolga.

20.10.   Sieg der Heeresgruppe Mitte in der Doppelschlacht bei
          Vjaz'ma und Brjansk.

24.10.   Die 6. Armee erobert Char'kow und Belgorod.

03.11.   Deutsche Einheiten nehmen Kursk ein.

16.11.   Die Krim ist – ausgenommen Sewastopol – in deutscher
          Hand.

18.11.   General Alan Cunningham startet mit der britischen
          8. Armee in Nordafrika die Gegenoffensive «Crusader»,
          die zunächst erfolgreich verläuft.

25.11.   Rumänien tritt dem Antikominternpakt bei.

28.11.   Panzer der Wehrmacht stehen kurzzeitig nur 20–30 km
          vor Moskau.

05.12.   Gegenoffensive der «Kalininfront», der sich die «West-
          front» am 6.12. anschließt (die sowjetische «Front» ent-
          spricht in etwa einer deutschen Heeresgruppe). Die Kriegs-
          wende vor Moskau ist perfekt und «Barbarossa» geschei-
          tert.

07.12.   Japans Überfall auf Pearl Harbor entfesselt den Krieg im
          pazifischen Raum.

08.12.   Japanische Invasion in Thailand, Britisch Malaya und auf
          den Philippinen. Kriegserklärung an Japan durch die USA,
          Großbritannien, das Freie Frankreich, Costa Rica, die
          Dominikanische Republik, Haiti, Honduras, Nicaragua,
          El Salvador sowie die Exilregierungen der Tschechoslowa-
          kei, Luxembourgs, der Niederlande und Jugoslawiens.
          Australien, Kanada, Neuseeland und Südafrika erklären
          außer Japan auch Finnland, Ungarn und Rumänien den
          Krieg. China (Tschungking-Regierung) gibt den Kriegszu-
          stand gegenüber Japan, Deutschland und Italien bekannt.

09.12.   Kuba, Guatemala und Panama erklären Japan den Krieg.

11.12.   Deutschland und Italien erklären den USA den Krieg. Die
          niederländische Exilregierung erklärt Italien, die polnische
          Japan den Krieg. Costa Rica, Kuba, die Dominikanische
          Republik, Guatemala und Nicaragua erklären Deutsch-
          land und Italien den Krieg.

12.12.   Rumänien und Ungarn erklären den USA den Krieg. Haiti,
          Honduras, El Salvador und Panama erklären Deutschland
          und Italien den Krieg.

13.12.   Bulgarien stellt den Kriegszustand gegenüber Großbritan-
          nien und den USA fest, während Südafrika und Neusee-
          land Bulgarien den Krieg erklären.

14.12.   Beginn der japanischen Invasion in Burma. Kroatien er-
          klärt Großbritannien und den USA den Krieg.

16.12.   Hitler befiehlt der Ostfront «fanatischen Widerstand»
          und verbietet jedwede operative Rückzugsbewegung.
          Die tschechoslowakische Exilregierung betrachtet sich
          im Kriegszustand mit den gegen Großbritannien, die
          USA und die Sowjetunion Krieg führenden Staaten.

19.12.   Der «Führer» übernimmt den Oberbefehl über das Heer;
          Nicaragua erklärt Bulgarien, Ungarn und Rumänien
          den Krieg.

20.12.   Japan greift Niederländisch-Indien (Indonesien) an.
          Die belgische Exilregierung erklärt Tokyo den Krieg.

22.12.	Beginn der ARCADIA-Konferenz in Washington (bis 14. 1. 1942), auf der man die zukünftige Strategie diskutiert. «Germany first» wird bestätigt.
24.12.	Inbesitznahme von Wake durch japanische Truppen. Haiti erklärt Bulgarien, Ungarn und Rumänien den Krieg.
25.12.	Japan erobert Hong Kong.

1942

01.01.	Vertreter von 26 Nationen unterzeichnen in Washington den Pakt der «Vereinten Nationen» und verpflichten sich, keinen Separatfrieden abzuschließen.
13.01.	Italien erklärt Costa Rica, der Dominikanischen Republik, Haiti, Honduras, Nicaragua, Panama und El Salvador den Krieg.
14.01.	Australien erklärt Bulgarien den Krieg.
20.01.	«Wannsee-Konferenz» über die Durchführung der Ausrottung der Juden im von Deutschland besetzten Europa.
25.01.	Luxembourgs Exilregierung erklärt Deutschland, Italien und Japan den Krieg.
11.02.	Südafrika erklärt Thailand den Krieg.
15.02.	Japanische Truppen nehmen Singapore ein.
20.02.	Japans Streitkräfte besetzen Timor.
25.02.	In den USA werden über 110000 Staatsbürger japanischer Abstammung in Internierungslager verbracht.
27.02.	Seeschlacht in der Java-See (bis 1. 3.).
02.03.	Mit der Eroberung von Juchnow erreicht die Gegenoffensive der «Roten Armee» in der Frontmitte praktisch ihren Abschluss.
07.03.	Japanische Einheiten erobern die burmesische Hautstadt Rangun.
08.03.	Die holländischen Streitkräfte auf Java kapitulieren, ganz Niederländisch-Indien ist in japanischer Hand.
23.03.	Japans Streitkräfte besetzen die Andamanen-Inseln (Indischer Ozean).
28.03.	Erstes Flächenbombardement einer deutschen Stadt (Lübeck).
05.04.	Hitlers «Weisung 41» legt die Ziele der deutschen Sommeroffensive fest.
04.05.	See-Luft-Schlacht im Korallenmeer (bis 8. 5.).
06.05.	Die Philippinen sind japanisch besetzt.
20.05.	Die britischen Truppen räumen Burma.
22.05.	Mexiko erklärt Deutschland und Japan den Krieg.

26.05. Offensive der deutsch-italienischen Truppen in Nordafrika.

30.05. Erster 1000-Bomber-Angriff auf eine deutsche Stadt (Köln).

03.06. Die See-Luft-Schlacht bei Midway (bis 7.6.) leitet die
Kriegswende im Pazifik ein.

05.06. Die USA erklären Bulgarien, Ungarn und Rumänien den
Krieg.

21.06. Die «Achsenstreitkräfte» erobern Tobruk und erreichen
am 30.6. die Enge von El Alamein (Ägypten).

28.06. Start der deutschen Sommeroffensive östlich Kursk und
Char'kow (Operation «Blau»).

01.07. Einnahme von Sewastopol durch die 11. Armee.

04.07. Die gesamte Krim ist in deutscher Hand.

06.07. Woronesch wird erobert.

08.07. Die erste operative Phase der deutschen Sommeroffensive
ist abgeschlossen.

12.07. Heeresgruppe Nord beendet die Säuberungsmaßnahmen
im Wolchow-Kessel.

22.07. Es beginnt die systematische Deportation der Juden im
Warschauer Ghetto ins Vernichtungslager Treblinka.

23.07. Deutsche Einheiten nehmen Rostov ein. Hitlers «Weisung
Nr. 45» befiehlt die doppelte Offensive gegen Stalingrad
(Wolgograd) und den Kaukasus.

06.08. Vorstoß der 1. Armee auf Majkop (Kaukasus), das am
9.8. fällt.

07.08. Amerikanische Truppen landen auf Guadalcanal.

19.08. General F. Paulus befiehlt seiner 6. Armee den Angriff
auf Stalingrad.

22.08. Brasilien erklärt Deutschland und Italien den Krieg
(genannt werden auch der 25. und 28.8.).

31.08. El-Alamein-Offensive der deutsch-italienischen Truppen
(am 2.9. gescheitert).

17.09. Das MANHATTAN-Projekt der USA startet (technische
Vorbereitungen für den Bau einer Atombombe).

23.10. Die britische Gegenoffensive bei El-Alamein zwingt die
«Achse» (4.11.) zu einem Rückzug, der erst im Februar
1943 in Tunesien endet.

08.11. Landung alliierter Truppen in Marokko und Algerien,
Operation TORCH.

09.11. Die «Achsenmächte» bilden in Tunesien einen Brückenkopf.

11.11. Deutsche und Italiener okkupieren das unbesetzte Frankreich.

19.11. Start der sowjetischen Großoffensive aus den Don-Brückenköpfen und dem Raum südlich von Stalingrad (20.11.).

27.11. Selbstversenkung der französischen Flotte in Toulon.

01.12. Äthiopien erklärt Deutschland, Italien und Japan den Krieg.

12.12. Die Slowakei erklärt Großbritannien und den USA den Krieg.

13.12. Ungarn erklärt den USA den Krieg.

22.12. Hitler verbietet das Unternehmen «Donnerschlag» (Ausbruch der 6. Armee aus dem Kessel von Stalingrad).

28.12. Der Rückzug der Heeresgruppe A aus dem Kaukasus wird genehmigt.

1943

09.01. Die von Japan abhängige «Nanking-Regierung» erklärt den USA und Großbritannien den Krieg.

14.01. Beginn der Konferenz zwischen Roosevelt und Churchill bei Casablanca, Deckname SYMBOL. Es geht um die Strategie und Kriegführung nach dem Sieg in Nordafrika. Das Kriegsziel «bedingungslose Kapitulation» wird verkündet.

16.01. Der Irak erklärt Deutschland, Italien und Japan den Krieg.

31.01. Die deutschen Truppen im Südkessel von Stalingrad strecken die Waffen.

02.02. Letzte Einheiten der 6. Armee ergeben sich im Nordkessel von Stalingrad.

08.02. Noch auf Guadalcanal stehende japanische Truppen werden evakuiert.

22.02. Die Geschwister Hans und Sophie Scholl, die der Widerstandsgruppe «Weiße Rose» angehören, werden vom Volksgerichtshof zum Tode verurteilt und sofort hingerichtet.

07.04. Bolivien erklärt den Nationen der «Achse» den Krieg.

19.04. Bewaffneter Aufstand im Warschauer Ghetto (bis 16.5.).

12.05. Die TRIDENT-Konferenz (bis 25.5.) beginnt in Washington, unter anderem wird die Landung in Süditalien beschlossen.

13.05. Die Kapitulation der deutsch-italienischen Einheiten in Tunesien ist abgeschlossen.

24.05.   Der U-Boot-Krieg gilt als gescheitert, die Schlacht im Atlantik ist damit definitiv verloren.

30.06.   Entfesselung der alliierten Offensive im südlichen Pazifik.

05.07.   Unternehmen «Zitadelle» startet (Offensive bei Orel und Belgorod gegen den Frontbogen von Kursk).

10.07.   Hauptlandung der Alliierten auf Sizilien (Operation «Husky»).

12.07.   Sowjetische Gegenoffensive im Orel-Bogen.

25.07.   Sturz und Verhaftung Mussolinis, Marschall P. Badoglio wird Regierungschef.

01.08.   Das japanisch kontrollierte Burma erklärt sich unabhängig und den USA sowie Großbritannien den Krieg.

05.08.   Sowjetische Truppen befreien Orel.

17.08.   Die QUADRANT-Konferenz in Québec (bis 24.8.) beginnt, Roosevelt und Churchill erörtern die Lage und die weitere Kriegführung.

23.08.   Char'kow wird durch die «Rote Armee» befreit.

03.09.   Italien schließt mit den Alliierten heimlich einen Waffenstillstand ab (praktisch war das die bedingungslose Kapitulation).

08.09.   Kriegsaustritt des Königreiches Italien, deutsche Gegenmaßnahmen (Fall «Achse»).

09.09.   Der Iran erklärt Deutschland den Krieg.

12.09.   Befreiung Mussolinis (er wird «Duce» eines deutschen Marionettenstaats in Norditalien).

24.09.   Die «Rote Armee» befreit Smolensk.

30.09.   Rückverlegung der japanischen Hauptverteidigungslinie auf die Marianen und West-Karolinen.

01.10.   Die Alliierten erreichen Neapel, das sich bereits selbst von den Deutschen befreit hatte.

13.10.   Das Königreich Italien erklärt Deutschland den Krieg.

14.10.   Japan verlautbart die Unabhängigkeit der Philippinen.

19.10.   Außenministerkonferenz in Moskau (bis 30.10.) über Nachkriegsfragen.

22.10.   Die SEXTANT-Konferenz in Kairo (bis 26.11.) beginnt, Roosevelt, Churchill und Chiang Kaishek erörtern Nachkriegsplanungen.

20.11.   US-Streitkräfte eröffnen mit der Wegnahme von Tarawa (Gilbert-Inseln) die Offensive im Zentral-Pazifik.

28.11. Die EUREKA-Konferenz in Teheran (bis 1.12.) beginnt, Roosevelt, Churchill und Stalin behandeln strategische Fragen und die Nachkriegsordnung.

1944

03.01. In Italien wird im Vorfeld der Gustav-Linie gekämpft.

04.01. Bei Sarny (Wolhynien) überschreitet die «Rote Armee» die vor dem 1.9.1939 existente sowjetisch-polnische Grenze.

14.01. Entfesselung der sowjetischen Großoffensive gegen die Heeresgruppe Nord.

22.01. Landung der Alliierten bei Anzio und Nettuno.

27.01. Liberia erklärt Deutschland und Japan den Krieg.

28.01. Hitlers Befehl für den «erbarmungslose[n] Kampf um Rom».

31.01. Amerikanische Truppen besetzen bis zum 4.2. das Kwajalein Atoll (Marshall-Inseln).

04.02. Japan beginnt von Westburma aus eine Offensive gegen das östliche Indien.

15.02. Alliierte Flugzeuge bombardieren und vernichten die unverteidigte Abtei von Montecassino.

04.03. Start der sowjetischen Frühjahrsoffensive gegen den Nordflügel der Heeresgruppe Süd, weiter Raumgewinn der «Roten Armee».

19.03. Deutsche Truppen besetzen Ungarn (Unternehmen «Margarethe I»).

05.04. Die alliierte Luftoffensive gegen die rumänischen Erdöl-felder beginnt.

17.04. Entfesselung der japanischen Großoffensive in Südchina.

22.04. Amerikanische Einheiten befreien Hollandia (Neuguinea).

12.05. Luftoffensive gegen Werke zur synthetischen Treibstoff-herstellung.

13.05. Kampfpause (bis 22.6.) zwischen Finnischem Meerbusen und Schwarzem Meer.

17.05. US-Truppen landen auf Wakde (Neuguinea).

04.06. Einheiten der 5. US-Armee (General Mark Wayne Clark) marschieren in Rom ein. Die Heeresgruppe C (General-feldmarschall A. Kesselring) zieht sich auf die Defensiv-stellung «Goten-Linie» (später «Grün-Linie») im Apennin zurück.

06.06. Operation «Overlord», die alliierte Landung in der Nor-mandie beginnt.

15.06.   Start der strategischen Luftoffensive gegen Japan und erste Landung amerikanischer Truppen auf Saipan (Marianen).

19.06.   Die See-Luft-Schlacht im Philippinenbecken (bis 20.6.) beginnt.

22.06.   Entfesselung der sowjetischen Sommeroffensive gegen die Heeresgruppe Mitte.

01.07.   Bretton-Woods-Konferenz (bis 22.7.), Vertreter von 44 Nationen beraten über finanz- und wirtschaftspolitische Fragen der Nachkriegszeit.

03.07.   Die «Rote Armee» befreit Minsk.

13.07.   Sowjetische Truppen nehmen Wilna ein.

20.07.   Fehlschlag des Attentats auf Hitler.

21.07.   Amerikanische Truppen landen auf Guam (Marianen).

24.07.   Japans neue Verteidigungslinie verläuft von den Philippinen über Formosa (Taiwan), die Ryukyu-Inseln und das japanische Mutterland zu den Kurilen.

27.07.   Der Durchbruch der 1. US-Armee bei St. Lô öffnet den Weg nach Mittelfrankreich.

28.07.   Die «Rote Armee» befreit Brest-Litowsk.

29.07.   Sowjetische Einheiten überschreiten die Weichsel, andere erreichen die Bucht von Riga und schneiden die Heeresgruppe Nord von der Ostfront ab.

31.07.   Amerikanische Truppen durchbrechen die deutsche Front bei Avranches.

01.08.   Der Aufstand der polnischen «Heimatarmee» in Warschau (bis 2.10.) beginnt.

04.08.   Alliierte Truppen erobern Rennes (Bretagne), in Italien rücken sie in Florenz ein.

15.08.   Operation «Dragoon», die alliierte Landung in Südfrankreich läuft an.

19.08.   Der Aufstand in Paris beginnt.

21.08.   San Marino erklärt Deutschland den Krieg.

23.08.   Rumänien stellt den Kampf gegen die Sowjetunion ein.

25.08.   Freifranzösische und US-Truppen marschieren in Paris ein. Rumänien erklärt Deutschland den Krieg.

29.08.   Beginn des Aufstands in der Slowakei.

30.08.   Sowjetische Einheiten besetzen die rumänischen Ölfelder.

31.08.   Truppen der «Roten Armee» stehen in Bukarest.

03.09.   Einnahme von Brüssel durch britische Truppen.

04.09. Finnland stellt an allen Fronten die Kampfhandlungen ein.

05.09. Kriegszustand (bis 9.9.) zwischen der Sowjetunion und
Bulgarien.

07.09. Rumänien erklärt Ungarn den Krieg.

08.09. Bulgarien erklärt Deutschland den Krieg.

10.09. Amerikanische Truppen nehmen Luxembourg ein.

11.09. Die OCTAGON-Konferenz (bis 16.9.) in Quebec beginnt.
Roosevelt und Churchill erörtern aktuelle strategische
Fragen und die deutsche Nachkriegsordnung.

12.09. Waffenstillstand Rumäniens mit der Sowjetunion, Großbritannien und den USA. Bukarest beteiligt sich am Krieg
gegen Deutschland.

15.09. US-Einheiten landen auf Palau-Peleliu (umkämpft bis
zum Februar 1945).

19.09. Finnland unterzeichnet mit Großbritannien und der
Sowjetunion ein Waffenstillstandsabkommen.

26.09. Die japanisch dominierten Philippinen erklären sich
mit den USA im Kriegszustand.

06.10. Sowjetische Divisionen dringen in Ungarn ein.

09.10. Die TOLSTOY-Konferenz in Moskau (bis 19.10.) beginnt. Churchill und Stalin behandeln vor allem Balkan-
fragen.

20.10. Sowjetische und jugoslawische Kräfte erobern Belgrad.

21.10. Als erste deutsche Stadt nehmen amerikanische Truppen
Aachen ein.

24.10. Vor Leyte wird (bis 25.10.) die größte See-Luft-Schlacht
aller Zeiten geschlagen.

25.10. Ganz Rumänien ist von der «Roten Armee» okkupiert.

28.10. In Moskau wird der Waffenstillstand Bulgariens mit
den USA, der Sowjetunion und Großbritannien unterzeichnet. Sofia verpflichtet sich zum Krieg gegen
Deutschland.

07.11. Roosevelt wird zum vierten Mal zum Präsidenten der
USA gewählt.

10.11. Moskau, London und Washington anerkennen das von
Enver Hoxha in Albanien errichtete kommunistische
Regime.

03.12. In Griechenland beginnt der Aufstand der kommunisti-
schen ELAS.

16.12. Das Unternehmen «Wacht am Rhein» (Ardennen-Offen-
sive) startet, am 24.12. muss es als gescheitert gelten.

31.12. Die seit dem 5.12. existierende ungarische Gegenregierung unter General Béla Miklós von Dálnoki erklärt Deutschland den Krieg.

1945

03.01. Großbritannien startet die Rückeroberung von Burma.

12.01. Sowjetische Großoffensive aus dem Baranow-Brückenkopf.

13.01. Sowjetische Großoffensive aus dem Raum von Pillkallen (Ostpreußen).

14.01. Sowjetische Großoffensive aus den Weichsel-Brückenköpfen Magnuszew und Pulawy.

17.01. Die Wehrmacht räumt Warschau.

27.01. Einheiten der «Roten Armee» befreien das Vernichtungslager Auschwitz.

02.02. Ekuador erklärt Deutschland und Japan den Krieg.

04.02. Der zweite Teil der ARGONAUT-Konferenz (bis 11.2.) beginnt in Jalta auf der Krim. Stalin, Roosevelt und Churchill erörtern primär Probleme der Nachkriegsordnung.

08.02. Paraguay erklärt den Nationen der «Achse» den Krieg.

11.02. Die «Rote Armee» erobert Budapest.

12.02. Peru erklärt Deutschland und Japan den Krieg.

13.02. Die zweitägige Bombardierung von Dresden beginnt.

14.02. Chile erklärt Japan den Krieg.

15.02. Uruguay erklärt Deutschland und Japan den Krieg.

16.02. Chile erklärt Deutschland, Venezuela Deutschland und Japan den Krieg.

19.02. US-Truppen landen auf Iwo Jima.

24.02. Ägypten erklärt Deutschland und Japan den Krieg.

26.02. Alliierte Einheiten erreichen den Rhein südlich von Düsseldorf. Syrien erklärt Deutschland und Japan den Krieg.

27.02. Der Libanon erklärt Deutschland und Japan den Krieg.

28.02. Saudiarabien erklärt Deutschland und Japan den Krieg.

01.03. Die Türkei erklärt Deutschland und Japan, der Iran Japan den Krieg.

03.03. Finnland erklärt Deutschland den Krieg.

07.03. US-Truppen überqueren bei Remagen den Rhein.

09.03. Ein amerikanischer Luftangriff auf Tokyo zerstört mehr als ein Viertel der Gebäude der Stadt, ihre

Zivilbevölkerung beklagt 83 000 bis 100 000 Tote. In Indochina entwaffnen die Japaner die französischen Truppen.

24.03. Alliierte Truppen überqueren den Rhein beiderseits von Wesel.

27.03. Argentinien erklärt Deutschland und Japan den Krieg.

28.03. Der westalliierte Oberbefehlshaber, Armeegeneral (entspricht dem Generalfeldmarschall) D. Eisenhower, befiehlt seinen Truppen, nur bis zur Elbe vorzudringen.

01.04. Amerikanische Einheiten landen auf Okinawa.

05.04. Moskau kündigt den Neutralitätsvertrag mit Japan vom 13.4.1941.

09.04. Beginn der alliierten Großoffensive im Ostsektor der Italienfront.

12.04. Plötzlicher Tod von F. D. Roosevelt, neuer Präsident der USA wird H. S. Truman.

13.04. Divisionen der sowjetischen 4. Garde-Armee erobern Wien.

14.04. Die Großoffensive im Westteil der Italienfront beginnt.

16.04. Der Großangriff der «Roten Armee» auf Berlin startet.

18.04. US-Truppen erreichen die Tschechoslowakei.

19.04. Den Alliierten glückt der operativ wichtige Durchbruch auf Bologna.

25.04. Amerikanische und sowjetische Soldaten reichen sich in Torgau (Elbe) die Hände. Großer Volksaufstand in Italien. In San Francisco beginnt die Gründungskonferenz der UNO (bis 26.6.).

28.04. Mussolini wird von italienischen Partisanen erschossen.

29.04. Oberstleutnant i. G. Victor von Schweinitz unterzeichnet im alliierten Hauptquartier in Caserta für den Oberbefehlshaber Südwest und Oberbefehlshaber der Heeresgruppe C, Generaloberst H. von Vietinghoff-Scheel, die Kapitulationsurkunde der deutschen Streitkräfte in Italien. SS-Obersturmbannführer und Major der Waffen-SS Eugen Wenner tut dies für SS-Obergruppenführer und General der Waffen-SS K. Wolff, den höchsten SS- und Polizeiführer sowie bevollmächtigten General der Deutschen Wehrmacht in Italien. Für Feldmarschall H. Alexander, alliierter Oberbefehlshaber Mittelmeer, unterschreibt sein Chef des Stabes, General William D. Morgan.

| 30.04. | Hitler begeht im Bunker unter der Reichskanzlei Selbstmord. Großadmiral K. Dönitz folgt ihm als Reichspräsident und Oberbefehlshaber der Wehrmacht nach. |

30.04. Hitler begeht im Bunker unter der Reichskanzlei Selbstmord. Großadmiral K. Dönitz folgt ihm als Reichspräsident und Oberbefehlshaber der Wehrmacht nach.

02.05. Die Verteidiger von Berlin ergeben sich der «Roten Armee». In Italien tritt die Kapitulation der deutschen Streitkräfte in Kraft.

03.05. Britische Truppen rücken in Hamburg und Rangun ein.

04.05. Kapitulation (mit Wirkung vom 5. 5.) der deutschen Truppen in den Niederlanden, Nordwestdeutschland und Dänemark. In Haar bei München kapituliert die Heeresgruppe G.

05.05. US-Einheiten befreien das Konzentrationslager Mauthausen (Österreich). Dönitz lässt eine «Geschäftsführende Regierung» bilden (von den Alliierten zunächst geduldet).

07.05. Im Hauptquartier von Armeegeneral D. D. Eisenhower in Reims wird die Gesamtkapitulation der deutschen Wehrmacht unterzeichnet.

08.05. Die Kapitulation wird am 8./9. 5. im sowjetischen Hauptquartier in Berlin-Karlshorst wiederholt und tritt (wie bereits in Reims festgelegt) am 9. 5. 1945 um 00.01 Uhr in Kraft.

23.05. Eisenhower lässt alle Mitglieder der von Dönitz eingerichteten Regierung und des Oberkommandos der Wehrmacht absetzen und verhaften oder gefangen nehmen.

14.07. Italien erklärt Japan den Krieg.

16.07. Erfolgreiche Erprobung der Atombombe in New Mexico.

17.07. Die TERMINAL-Konferenz in Potsdam (bis 2.8.) beginnt. Stalin, Truman und Churchill (ab 29.7. C.R. Attlee als neuer britischer Premierminister) erörtern Fragen der Nachkriegsordnung, den Umgang mit dem besiegten Deutschland und die Beendigung des Kriegs in Ostasien.

06.08. Atombombenabwurf auf Hiroshima.

08.08. Moskau erklärt Tokyo mit Wirkung vom 9.8. den Krieg.

09.08. Atombombenabwurf auf Nagasaki.

02.09. An Bord des amerikanischen Schlachtschiffs «Missouri» wird in der Bucht von Tokyo die japanische Kapitulation unterzeichnet.

Bibliographie

Akten zur deutschen auswärtigen Politik 1918–1945. Aus dem Archiv des Deutschen Auswärtigen Amtes, Serie C: 1933–1937, Göttingen 1971–1975; Serie D: 1937–1941, Baden-Baden 1950–1970; Serie E: 1941–1945, Göttingen 1969–1979.

Nicolaus v. Below, Als Hitlers Adjutant 1937–45, Mainz 1980.

Detlef Brandes, Großbritannien und seine osteuropäischen Alliierten 1939–1943. Die Regierungen Polens, der Tschechoslowakei und Jugoslawiens im Londoner Exil vom Kriegsausbruch bis zur Konferenz von Teheran, München 1988.

Pierre Broué und Emile Témime, Revolution und Krieg in Spanien. Geschichte des spanischen Bürgerkrieges, 2 Bde., Frankfurt am Main 1975.

Hans Buchheim (u.a.), Anatomie des SS-Staates, 2 Bde., München 1967.

James Ramsay Montagu Butler, Grand Strategy. Vol. II: September 1939 – June 1941, London 1957.

Michael Carver, The War in Italy 1943–1945. The Campaign that Tipped the Balance in Europe, London 2001.

Charles Cruickshank, Greece 1940–1941, London 1976.

Churchill & Roosevelt. The Complete Correspondence, ed. with Commentary by Warren F. Kimball, 3 vols., Princetom (N.J.) 1984.

Winston S. Churchill, Der Zweite Weltkrieg, 6 Bde., Stuttgart, Hamburg 1949–1954.

Micheal Clodfelter, Warfare and Armed Conflicts. A Statistical Reference to Casualty and Other Figures, 1618–1991. Vol. II: 1900–1991, Jefferson (N.C.) and London 1992.

Robert Dallek, Franklin D. Roosevelt and American Foreign Policy 1932–1945, New York 1979.

Der deutsche Angriff auf die Sowjetunion 1941. Die Kontroverse um die Präventivkriegsthese, hrsg. von Gerd R. Ueberschär und Lev A. Bezymenskij, Darmstadt 1998.

Das Deutsche Reich und der Zweite Weltkrieg, hrsg. vom Militärgeschichtlichen Forschungsamt, (bisher) 8 Bde., Stuttgart 1979–2004.

Max Domarus, Hitler. Reden und Proklamationen 1932–1945, kommentiert von einem deutschen Zeitgenossen, 2 Bde., Wiesbaden 1973.

Hans-Jürgen Döscher, Das Auswärtige Amt im Dritten Reich. Diplomatie im Schatten der ‹Endlösung›, Berlin 1987.

Paul Dostert, Luxemburg zwischen Selbstbehauptung und nationaler Selbstaufgabe. Die deutsche Besatzungspolitik und die Volksdeutsche Bewegung 1940–1945, Luxembourg 1985.

John W. Dower, War without Mercy. Race and Power in the Pacfic War, New York 1986.

John Ehrman, Grand Strategy, Vol. V: August 1943 – September 1944, and Vol. VI: October 1944 – August 1945, London 1956.

Eisenhower and the German POWs. Facts Against Falsehood, ed. by Günter Bischof and Stephen E. Ambrose, Baton Rouge and London 1992.

Ende des Dritten Reiches – Ende des Zweiten Weltkriegs. Eine perspektivische Rückschau. Im Auftrag des Militärgeschichtlichen Forschungsamtes hrsg. von Hans-Erich Volkmann, München und Zürich 1995.

Erster Weltkrieg – Zweiter Weltkrieg. Ein Vergleich. Krieg, Kriegserlebnis, Kriegserfahrung in Deutschland, hrsg. von Bruno Thoß und Hans-Erich Volkmann, Paderborn 2002.

Jörg Friedrich, Der Brand. Deutschland im Bombenkrieg 1940–1945, 11. Aufl., München 2002.

Christian Gerlach, Kalkulierte Morde. Die deutsche Wirtschafts- und Vernichtungspolitik in Weißrußland 1941 bis 1944, Hamburg 1999.

Gabriel Gorodetsky, Grand Delusion. Stalin and the German Invasion of Russia, New Haven and London 1999.

Joseph Goebbels, Die Tagebücher. Im Auftr. des Instituts für Zeitgeschichte und mit Unterstützung des Staatlichen Archivdienstes Rußlands hrsg. von Elke Fröhlich, Teil 1: Die Aufzeichnungen 1923–1941, Bd. 3/II-9, München 1998–2001; Teil 2: Diktate 1941–1945, Bd. 1–15, München, New Providence, London, Paris 1993–1996.

Hermann Graml, Europas Weg in den Krieg. Hitler und die Mächte 1939, München 1990.

J. M. A. Gwyer and J. R. M. Butler, Grand Strategy. Vol. III: June 1941 – August 1942, 2 parts, London 1964.

Max Hastings, Overlord. D-Day and the Battle for Normandy, London 1984.

Ulrich Herbert, Fremdarbeiter. Politik und Praxis des «Ausländer-
einsatzes» in der Kriegswirtschaft des 3. Reiches, 2. Aufl., Berlin
und Bonn 1986.

Peter Herde, Pearl Harbor, 7. Dezember 1941. Der Ausbruch des
Krieges zwischen Japan und den Vereinigten Staaten und die
Ausweitung des europäischen Krieges zum Zweiten Weltkrieg,
Darmstadt 1980.

«Wir sind die Herren dieses Landes». Ursachen, Verlauf und
Folgen des deutschen Überfalls auf die Sowjetunion, hrsg. Von
Babette Quinkert, Hamburg 2002.

Raul Hilberg, Die Vernichtung der europäischen Juden, 3 Bde.,
durchges. u. erw. Ausgabe, Frankfurt a. M. 1990.

Klaus Hildebrand, Deutsche Außenplitik 1933–1945. Kalkül oder
Dogma? 4. Aufl., Stuttgart 1980.

Andreas Hillgruber, Hitlers Strategie. Politik und Kriegführung
1940–1941, 2. Aufl., München 1982.

Andreas Hillgruber und Gerhard Hümmelchen, Chronik des Zweiten Weltkrieges. Kalendarium militärischer und politischer Ereignisse 1939–1945, Düsseldorf 1978.

Francis Harry Hinsley, British Intelligence in the Second World War.
Its Influence on Strategy and Operations, 4 vols., London 1979–
1988.

Gerhard Hirschfeld, Fremdherrschaft und Kollaboration. Die Niederlande unter deutscher Besatzung 1940–1945, Suttgart 1984.

Adolf Hitler, Monologe im Führerhauptquartier 1941–1944. Die
Aufzeichnungen Heinrich Heims, hrsg. von Werner Jochmann,
Hamburg 1980.

Hitler-Stalin-Pakt 1939. Das Ende Ostmitteleuropas? Hrsg. von
Erwin Oberländer, Frankfurt am Main 1989.

Hitlers politisches Testament. Die Bormann Diktate vom Februar
und April 1945. Mit einem Essay von Hugh R. Trevor-Roper und
einem Nachwort von André Francois-Poncet, Hamburg 1981.

Hitlers Weisungen für die Kriegführung 1939–1945. Dokumente
des Oberkommandos der Wehrmacht, hrsg. von Walther Hu-
batsch, 2. Aufl., Koblenz 1983.

Peter Hoffmann, Claus Schenk Graf von Stauffenberg und seine
Brüder, 2. Aufl., Stuttgart 1992.

Michael Howard, Grand Strategy. Vol. IV: August 1942 – September 1943, London 1972.

Hans-Adolf Jacobsen, Der Weg zur Teilung der Welt. Politik und
Strategie 1939–1945, Koblenz 1979.

Japan-Handbuch, hrsg. von Horst Hammitzsch in Zusammenarbeit mit Lydia Brüll, 2. unver. Aufl., Stuttgart 1984.

Karl Jaspers, Die Schuldfrage. Von der politischen Haftung Deutschlands, München 1996.

Ian Kershaw, Hitler, Bd 1: 1889–1936; Bd 2: 1936–1945, Stuttgart 1998 und 2000.

Lutz Klinkhammer, Zwischen Bündnis und Besatzung. Das nationalsozialistische Deutschland und die Republik von Salò 1943–1945, Tübingen 1993.

Hans Knoll, Jugoslawien in Strategie und Politik der Alliierten 1940–1943, München 1986.

MacGregor Knox, Common Destiny. Dictatorship, Foreign Policy, and War in Fascist Italy and Nazi Germany, Cambridge 2000.

Helmut Krausnick und Hans-Heinrich Wilhelm, Die Truppe des Weltanschauungskrieges. Die Einsatzgruppen der Sicherheitspolizei und des SD 1938–1942, Stuttgart 1981.

Elmar Krautkrämer, Frankreichs Kriegswende 1942. Die Rückwirkungen der alliierten Landung in Nordafrika – Darlan, de Gaulle, Giraud und die royalistische Utopie, Bern, Frankfurt am Main, New York, Paris 1989.

Kriegsgefangenschaft im Zweiten Weltkrieg. Eine vergleichende Perspektive, hrsg. von Günter Bischof und Rüdiger Overmans, Ternitz-Pottschach 1999.

Kriegstagebuch der Seekriegsleitung 1939–1945. Im Auftrag des Militärgeschichtlichen Foschungsamtes in Verbindung mit dem Bundesarchiv-Militärarchiv und der Marine-Offizier-Vereinigung hrsg. von Werner Rahn und Gerhard Schreiber. Facs.Ed., Teil A, Bd. 1–68, Berlin, Bonn, Hamburg 1988–1997.

Kriegstagebuch des Oberkommandos der Wehrmacht (Wehrmachtführungsstab) 1940–1945. Geführt von H. Greiner und P. E. Schramm. Im Auftrag des Arbeitskreises für Wehrforschung hrsg. von P. E. Schramm. Bd. 1–4 [nebst Nachtr.] 1.2., Frankfurt a. M. 1961–1979.

Lagevorträge des Oberbefehlshabers der Kriegsmarine vor Hitler 1939–1945. Im Auftrag des Arbeitskreises für Wehrforschung hrsg. von Gerhard Wagner, München 1972.

Christian Leitz, Nazi Foreign Policy, 1933–1941. The Road to Global War, London 2004.

Das letzte halbe Jahr. Stimmungsberichte der Wehrmachtpropaganda 1944/45, hrsg. von Wolfram Wette, Ricarda Bremer und Detlef Vogel, Essen 2001.

Kerstin von Lingen, Kesselrings letzte Schlacht. Kriegsverbrecherprozesse, Vergangenheitspolitik und Wiederbewaffnung: Der Fall
Kesselring, Paderborn 2004.

Bernd Martin, Deutschland und Japan im Zweiten Weltkrieg. Vom
Angriff auf Pearl Harbor bis zur deutschen Kapitulation, Göttingen 1969.

Geoffrey P. Megargee, Inside Hitler's High Command, Lawrence
(KS) 2000.

Meldungen aus dem Reich 1938–1945. Die geheimen Lageberichte
des Sicherheitsdienstes der SS, Bd. 1–17, hrsg. von Heinz Bobe-
rach, Herrsching 1984.

Manfred Messerschmidt, Die Wehrmacht im NS-Staat. Zeit der In-
doktrination, Hamburg 1969.

Manfred Messerschmidt und Fritz Wüllner, Die Wehrmachtjustiz im
Dienste des Nationalsozialismus. Zerstörung einer Legende, Baden-Baden 1987.

Ahlrich Meyer, Die deutsche Besatzung in Frankreich 1940–
1944. Widerstandsbekämpfung und Judenverfolgung, Darmstadt
2000.

Klaus-Jürgen Müller, Armee, Politik und Gesellschaft in Deutschland 1933–1945, 4. Aufl., Paderborn 1986.

Klaus-Jürgen Müller, Das Heer und Hitler. Armee und nationalsozi-
alistisches Regime 1933–1940, 2. Aufl., Stuttgart 1988.

Williamson Murray and Allan R. Millett, A War to be won.
Fighting the Second World War, Cambridge (Mass.) and London
2000.

Manfred Nebelin, Deutsche Ungarnpolitik 1939–1941, Opladen
1989.

Rüdiger Overmans, Deutsche militärische Verluste im Zweiten
Weltkrieg, München 1999.

Richard Overy, Die Wurzeln des Sieges. Warum die Alliierten den
Zweiten Weltkrieg gewannen, Stuttgart und München 2000.

The Oxford Companion to the Second World War. Ed. by I. C. B.
Dear and M. R. D. Foot, Oxford 1995.

Hartmut Radebold, «Kriegskinder» im Alter. Bei Diagnose historisch denken. Die psychosozialen Folgen einer Kindheit im Zweiten Weltkrieg wurden lange Zeit nicht wahrgenommen oder ta-
buisiert. Ein Plädoyer, umzudenken, in: Deutsches Ärzteblatt, 101
(2004), H. 27, A 1960–1962.

György Ránki, Unternehmen Margarethe. Die deutsche Besetzung
Ungarns, Wien, Köln, Graz 1984.

Repression und Kriegsverbrechen. Die Bekämpfung von Wider-
stands- und Partisanenbewegungen gegen die deutsche Besatzung
in West- und Südeuropa, hrsg. von Ahlrich Meyer, Berlin und
Göttingen 1997.

Norman Rich, Hitler's War Aims, 2 vols., London 1973 und
1974.

Heinz Richter, Griechenland zwischen Revolution und Konterre-
volution (1936–1946), Frankfurt am Main 1973.

Michael Salewski, Die deutsche Seekriegsleitung 1935–1945,
3 Bde., München und Frankfurt am Main 1970–1973.

Paul Schmidt, Statist auf diplomatischer Bühne 1923–1945. Erleb-
nisse des Chefdolmetschers im Auswärtigen Amt mit den Staats-
männern Europas, 12. Aufl., Wiesbaden 1983.

Percy Ernst Schramm, Hitler als militärischer Führer. Erkenntnisse
und Erfahrungen aus dem Kriegstagebuch des Oberkommandos
der Wehrmacht, Frankfurt am Main und Bonn 1965.

Gerhard Schreiber, Deutsche Kriegsverbrechen in Italien. Täter, Opfer, Strafverfolgung, München 1996.

Gerhard Schreiber, Hitler-Interpretationen 1923–1983. Ergebnisse,
Methoden und Probleme der Forschung, 2., verb. u. durch eine
annotierte Bibliographie für die Jahre 1984–1987 ergänzte Auflage, Darmstadt 1988.

Gerhard Schreiber, Die italienischen Militärinternierten im deutschen Machtbereich 1943 bis 1945, Verraten, Verachtet, Vergessen, München 1990.

Theo J. Schulte, The German Army and Nazi Policies in Occupied
Russia, Oxford, New York, München 1989.

Sergej Slutsch, Stalins «Kriegsszenario 1939»: Eine Rede, die es nie
gab. Die Geschichte einer Fälschung, in: Vierteljahrshefte für
Zeitgeschichte, 52 (2004), H. 4, S. 597–635.

Denis Mack Smith, Mussolini, London 1982.

Ronald H. Spector, Eagle Against the Sun. The American War with
Japan, New York 1985.

Albert Speer, Erinnerungen, Berlin 1969.

Staatsmänner und Diplomaten bei Hitler. Vertrauliche Aufzeichnungen über Unterredungen mit Vertretern des Auslandes 1939–
1944, hrsg. u. erl. von Andreas Hillgruber, 2 Bde., Frankfurt am
Main 1967 und 1970.

Stalingrad. Ereignis, Wirkung, Symbol. Im Auftrag des Militärgeschichtlichen Forschungsamtes hrsg. von Jürgen Förster, München und Zürich 1992.

Christian Streit, Keine Kameraden. Die Wehrmacht und die sowjetischen Kriegsgefangenen 1941–1945, Bonn 1991.
Christopher Thorn, Allies of a Kind. The United States, Britain and the War Against Japan, London 1978.
Klaus W. Tofahrn, Chronologie des Dritten Reiches. Ereignisse, Personen, Begriffe, Darmstadt 2003.
John Toland, Infamy: Pearl Harbor and Its Aftermath, Garden City (N. Y.) 1982.
Verbrechen der Wehrmacht. Dimensionen des Vernichtungskrieges 1941–1944, hrsg. vom Hamburger Institut für Sozialgeschichte, 2. durchges. u. erw. Aufl., Hamburg 2002.
Wilfried Wagner, Belgien in der deutschen Außenpolitik während des Zweiten Weltkrieges, Boppard am Rhein 1974.
Walter Warlimont, Im Hauptquartier der Wehrmacht 1939–1945. Grundlagen, Formen, Gestalten, Frankfurt am Main und Bonn 1964.
Michael Wedekind, Nationalsozialistische Besatzungs- und Annexionspolitik in Norditalien 1943 bis 1945. Die Operationszonen ‹Alpenvorland› und ‹Adriatisches Küstenland›, München 2003.
Hans-Ulrich Wehler, Deutsche Gesellschaftsgeschichte. Bd. 4: Vom Beginn des Ersten Weltkriegs bis zur Gründung der beiden deutschen Staaten 1914–1949, München 2003.
Die Wehrmacht. Mythos und Realität, hrsg. von Rolf-Dieter Müller und Hans-Erich Volkmann, München 1999.
Gerhard L. Weinberg, Eine Welt in Waffen. Die globale Geschichte des Zweiten Weltkriegs, Stuttgart 1995.
Die Weizsäcker-Papiere 1933–1950, hrsg. von Leonidas E. Hill, Frankfurt/M., Berlin, Wien 1974.
Wolfram Wette, Die Wehrmacht. Feindbilder, Vernichtungskrieg, Legenden, Frankfurt am Main 2002.
Llewellyn Woodward, British Foreign Policy in the Second World War, 4 vols., London 1970–1975.
World War II in Europe. An Encyclopedia, 2 vols., ed. by David T. Zabecki, Carl O. Schuster, Paul J. Rose and William H. van Husen, New York and London 1999.
Horst Zimmermann, Die Schweiz und Großdeutschland. Das Verhältnis zwischen der Eidgenossenschaft, Österreich und Deutschland 1933–1945, München 1980.
Der Zweite Weltkrieg. Analysen, Grundzüge, Forschungsbilanz. Im Auftrag des Militärgeschichtlichen Forschungsamtes hrsg. von Wolfgang Michalka, München, Zürich 1989.

Karten

Die alliierten Gegenoffensiven seit 1942

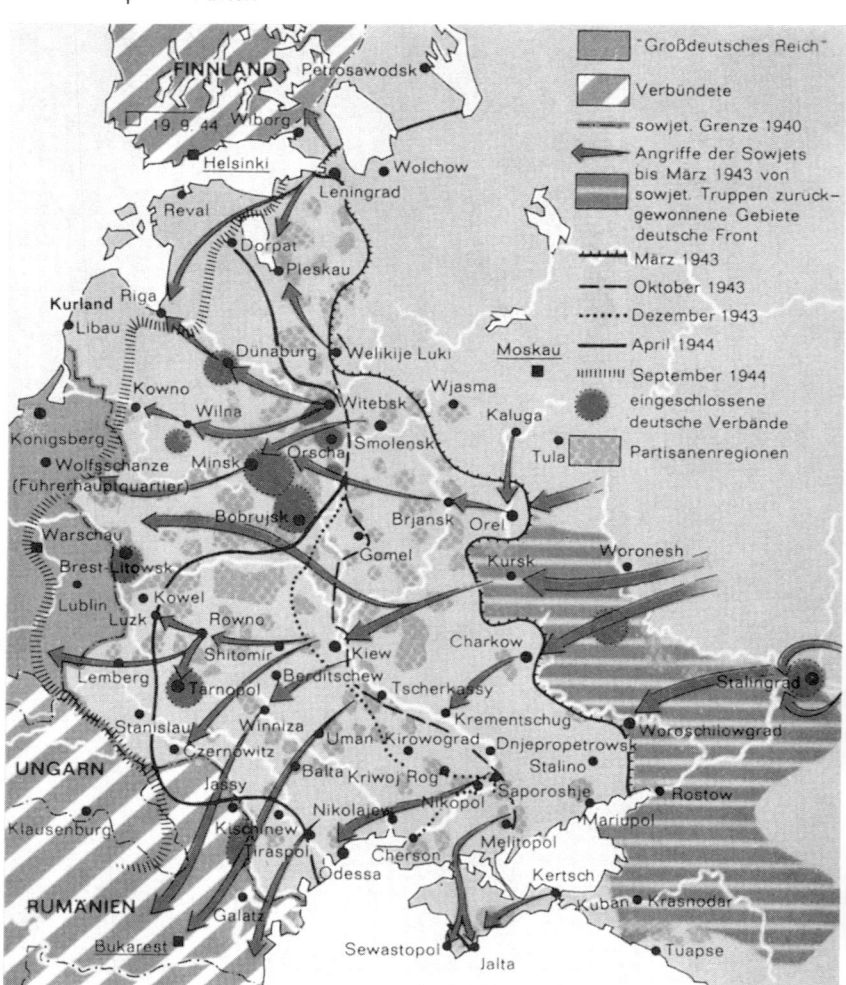

▨	"Großdeutsches Reich"
▨	Verbündete
⎯⎯	sowjet. Grenze 1940
⬅	Angriffe der Sowjets bis März 1943 von
▨	sowjet. Truppen zurückgewonnene Gebiete
	deutsche Front
⊥⊥⊥⊥	März 1943
⎯ ⎯ ⎯	Oktober 1943
⋯⋯⋯	Dezember 1943
⎯⎯⎯	April 1944
⫷⫸	September 1944
●	eingeschlossene deutsche Verbände
▨	Partisanenregionen

Der Krieg im Osten 1943/44

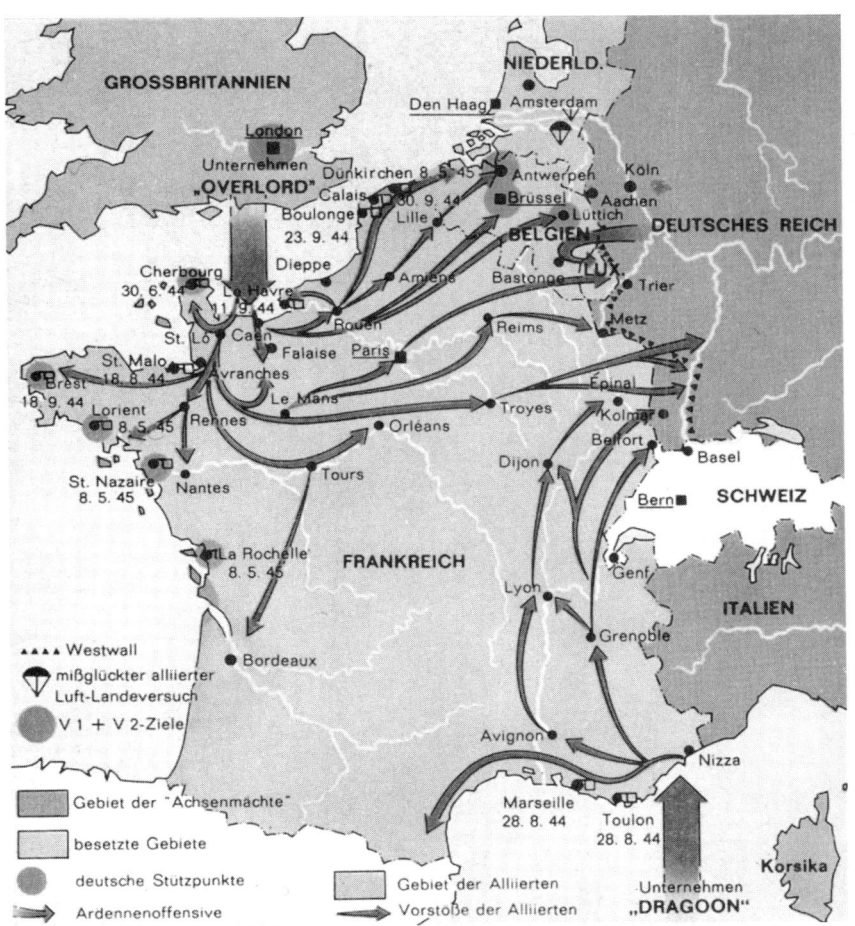

Die alliierte Landung in Frankreich 1944

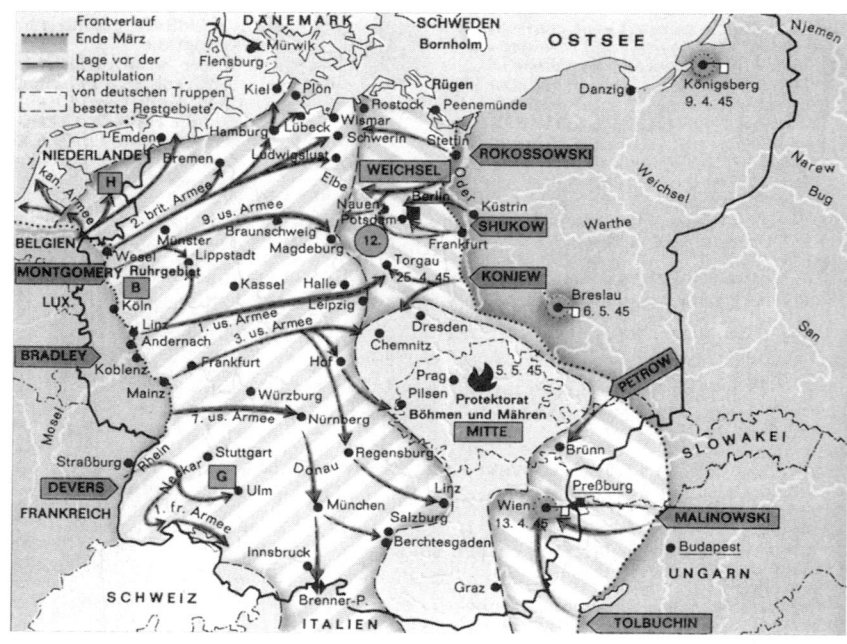

Das Ende des «Großdeutschen Reichs» April/Mai 1945

Bildnachweis

Bildarchiv Preußischer Kulturbesitz, Berlin: *S. 79* (H. Hoeffke); Deutsches Historisches Museum, Berlin: *S. 91, 165;* Hamburger Institut für Sozialforschung (Archiv), Hamburg: *S. 95;* Daniela Mrázková und Vladimir Remeš: Von Moskau nach Berlin. Der Krieg im Osten 1941–45. Gesehen von russischen Fotografen, Hamburg 1979: *S. 87,* Jürgen Rohwer: U-Boote. Eine Chronik in Bildern, Hamburg 1962: *S. 53,* Der Spiegel 4/1999: *S. 103* (SIPA-Press), Spiegel Special 1/2001: *S. 9, 141* (R. Steiniger), Süddeutscher Verlag – Bilderdienst, München: *S. 21, 33, 43, 65, 67, 71, 93, 125, 135, 151, 153, 156, 161, 163, 167, 173.*
Mit 4 Karten aus: Hermann Kinder/Werner Hilgemann, dtv-Atlas Weltgeschichte. © 1964 Deutscher Taschenbuch Verlag, München.

Verlag und Autor danken den Bildgebern für die Erlaubnis zum Abdruck der Abbildungen in diesem Band. Leider war es nicht in allen Fällen möglich, die Inhaber der Rechte zu ermitteln. Es wird deshalb gegebenenfalls um Nachricht gebeten.

Personenregister

Deutsche Geschichte

Etienne François/Hagen Schulze (Hrsg.)
Deutsche Erinnerungsorte
Band I: 4., durchgesehene Auflage. 2002
725 Seiten mit 77 Abbildungen. Leinen
Band II: 2001. 741 Seiten mit 77 Abbildungen. Leinen
Band III: 2001. 784 Seiten mit 86 Abbildungen. Leinen
«Wenn laut Nietzsche der Mensch das Tier ist, das nicht
vergißt, bekommt es mit diesem Werk üppige Nahrung.
Die Herausgeber und der Verlag haben mit den drei Bän-
den Deutscher Erinnerungsorte einen großen Wurf gelan-
det.»
Claus Leggewie, taz

Heinrich August Winkler
Der lange Weg nach Westen
*Band 1: Deutsche Geschichte vom Ende des Alten Reiches
bis zum Untergang der Weimarer Republik*
4., durchgesehene Auflage. 2002. 652 Seiten. Leinen
*Band 2: Deutsche Geschichte vom «Dritten Reich»
bis zur Wiedervereinigung*
4., durchgesehene Auflage. 2002. X, 742 Seiten. Leinen
«Ein großer Wurf»
Volker Ullrich, Die Zeit
«... aus einem Guss, umfassend informiert, prägnant for-
muliert»
Ulrich Herbert, Neue Zürcher Zeitung
«... ohne Zweifel ein Standardwerk»
Klaus Hildebrand, Frankfurter Allgemeine Zeitung

Verlag C. H. Beck

Deutsche Geschichte

Hans-Ulrich Wehler
Deutsche Gesellschaftsgeschichte

Band 1: 1700–1815
Vom Feudalismus des Alten Reiches bis zur
Defensiven Modernisierung der Reformära
3. Auflage. 1996. XII, 676 Seiten. Leinen

Band 2: 1815–1845/49
Von der Reformära bis zur industriellen und politischen
«Deutschen Doppelrevolution»
3. Auflage. 2005. XII, 914 Seiten. Leinen

Band 3: 1849–1914
Von der «Deutschen Doppelrevolution» bis zum Beginn
des 1. Weltkrieges
1995. XVIII, 1.515 Seiten. Leinen

Band 4: 1914–1949
Vom Beginn des Ersten Weltkrieges bis zur Gründung
der beiden deutschen Staaten
2. Auflage. 2003. XXIV, 1173 Seiten. Leinen

In Vorbereitung

Band 5: 1949–1991
Von der Gründung der beiden deutschen Staaten
bis zur Vereinigung

Verlag C. H. Beck